aşktan DİNLE

CEMÂLNUR SARGUT
sorular: Nevval Sevindi

MESNEVİ OKUMALARI
NEFES

NEFES

AŞKTAN DİNLE

ISBN: 978-605-5902-26-1
1. Baskı: İstanbul, 2012
Kültür Bakanlığı Yayıncılık Sertifika No: 15747
Kitap yayın no: 23
Tasavvuf Sohbetleri Dizisi: 02

EDİTÖR: Çiğdem Yazır
KAPAK: Hümanur Bağlı
KAPAK RESMİ: Aygül Okutan
SAYFA DÜZENİ: Adem Şenel
İÇ BASKI/CİLT: Vesta Ofset Ltd.Şti.
M. Bey Mah. Deve Kaldırım Cd.
Gelincik Sk. No. 6/4 Bağcılar / İstanbul
t 212 648 06 38 f 212 648 06 39
Sertifika No: 11941

NEFES YAYINLARI
Bağdat Cad. Güzel Sk. A Blok No:11/2
Selâmiçeşme / Kadıköy / İstanbul
Tel: +90(216) 359 1020 Faks: +90(216) 359 4092
www.nefesyayinevi.com
irtibat@nafesyayinevi.com
KÜLTÜR BAKANLIĞI YAYINCILIK SERTİFİKA NO: 15747

aşktan DİNLE

CEMÂLNUR SARGUT

sorular: Nevval Sevindi

MESNEVİ
OKUMALARI

NEFES

İÇİNDEKİLER

ÖNSÖZ

KENDİ GÖNLÜNE DOĞRU YOLA ÇIK

Çok Sevgili Cemâlnur Sargut Hanımefendi ile ne zaman program yapsak tadına doyulamadı. 2011 yılının Ramazan ayında da her gün söyleştik ve *"tasavvuf neden bu gün hayatımızda olmalıdır?"* sorusuna cevap aradık. Güncel sorunlara tasavvuf ve Mesnevi'nin geniş açısından baktık.

Hiç bir üzüm tekrar dönüp koruk olmaz. Aslında koruk kalmakta ısrar edenlerin üzüm oldum iddiası olmasa mesele de kalmaz. İnsan, kendini keşfetmek zahmetine katlanır ve iç dünyasında yol alırsa, yaşlanarak koruk üzüme dönüşmez. Günümüz dünyası insani yanlarımızı çalarak bizi maddi varlığımızla baş başa bırakıyor.İç dünyası olmayan, kendi derinliklerinde düşe kalka yol almamış insanın insani duyarlılıkları taşlaşır.

İç dünyamız bize hediye edilmiş kâinatın bir parçasıdır. Kâinatın içinde insan, insanın içinde kâinat bunun için var. Bu olağanüstü, heyecanlı, zor yolculuğa çıkmadan yapılan ibâdet "zahirî" dir. Batinî olan; sevgi, içtenlikle kotarılan ibâdet ve hayatın her alanında şeffaf olabilmektir.

Bulutlar rüzgar bekler. İçtenlik olmadan, imânın rûhu temizleyen pınarı akmaz.

Mevlânâ, yolculuğa başla ve bir an bile mola vermeden, sürekli değişerek dönüşerek yola devam et der. Eğer bir yerde durursan tekrar yola düşecek takatin olmaz. Rahatlık, su gibi yapışır eteklerine, seni ağırlaştırır ve dibe çeker.

Gönül gözümüz, kötü ve yetersiz yanlarımızı gördükçe açılır, gizleyerek değil...

Ne kadar âşikâr olursa rûhumuz, o denli nûra boğulur gözlerimiz.

Güneş bütün gece perdeler altına girmeseydi
Dünya, seher çağı, nasıl aydınlanabilirdi?

Seher vakti salalım rûhumuzu ummâna, kuş gibi uçuralım.

Kurtulalım şu ağırlıklardan vesselam!

Nevval Sevindi

NEFS

"Nefsin hilesi" *bölümünde "Sana isâbet eden her fenâlık kendi nefsindendir", diyen Allah'ın kelâmıyla başlayalım.*

Gerçeği anlayabilmek için ashabtan bazıları Resûl-i Ekrem *(s.a.s.)* Efendimiz'den insanı azdıran nefsin hilesine dair bilgi isterlerdi.

Nefis, ibâdetlere, ruhî ihlâslara, öz temizliğine, gizli garazlardan neler katar? diye sorarlardı. Peygamber'den ibâdetin fazîletini ve sevabını arayıp sormazlar da görünen ayıplara dair bilgiler isterlerdi.

Gülü kerevizden ayırt edercesine, inceden inceye, zerreden zerreye nefsin hilelerini tanır, bilirlerdi.

Sahabenin araştırıcı olanları, kılı kırk yaranları Peygamber Efendimiz'in nefsin hilesi konusundaki beyanları karşısında hayran kalırlardı.

Bütün putların anası, sizin nefsinizin putudur. Hariçte görülen putlar birer yılandır, halbuki nefis putu bir ejderhadır.

Nefis çakmak taşı ile demirdir. Put ise çakmak taşından sıçrayan kıvılcımdır. O kıvılcım su ile söner.

Kıvılcım söner ama, çakmak taşı ile demir su ile söndürülebilir mi? İnsanoğlu bu ikisi de kendisiyle beraber oldukça nasıl emin olabilir?

Çakmak taşı ile demirin ateşi, kendi içinde gizlenmiştir. Onların içlerine su girmez ki ateşi söndürsün.

Su, ancak dışarıda bulunan ateşi söndürür. O taşın ve demirin içine nasıl girer?

Nefsin ve şehvetin sembolü olan çakmak taşı ile demirden, küfrün ve bütün kötülüklerin kıvılcımları sıçrar. Dumanları yükselir.

Kaptaki, küpteki su bitse de, nefis çeşmesinin suyu tazedir, kesilmeden akar durur.

Put kırmak kolaydır, hem de pek kolay, fakat nefis putunu kırmayı kolay sanmak bilgisizliktir, bilgisizlik.

Nefsin her anda bir hilesi vardır ki, onun her hilesiyle isyan denizinde yüzlerce Firavun ile o Firavun'a uyanlardan batmadadır.

Ey kardeş, sen Allah'ın emrine ve aziz Peygamberimiz'in sünnetine uy da ten Ebû Cehli'nden ve nefsânî isteklerinden kurtul...[1]

Evet, Cemâlnur Hanımcım.

CS: Efendim, çok güzel bir bölüm. Ben müsaade ederseniz her zaman Mesnevîhan'ların *Mesnevî Şerif*'e başladıkları beyitle başlamak isterim.

NS: Lütfen...

CS: *Tû me gü mârâ bedan şeh bar nist*
Ba kerîman kârihâ düşvar nist.

Sakın nefsimden kurtulamam deme, hemen kerim olanın, kerim olan *Mesnevî*'nin eteğine yapış, seni nefsinden kurtaracaktır. Kerim olanın eteğine yapışmak burada çok önemli. Nefse gelince, bahsedilen nefis aslında Allah'ın ismi şerifini, yani sırrını bizlerde gizlediği kaptır. Fakat insanlar isme doğru yönelecekleri yerde kaba takılıp kalırlar. He zaman olduğu gibi kap önemli olur.

NS: Yani şekil öne çıkıyor...

---

1 Şefik Can, *Mesnevî Tercümesi*, Ötüken Neşriyat, İstanbul:2003, C.1-2, s. 49-50 beyit 366-376, 778, 780, 782;
Ken'an Rifâî, *Mesnevî-i Şerif*, Kubbealtı Neşriyatı, İstanbul:2000, s.58 beyit 371-375, s.109-110 beyit 780-785,790,792,794

CS: Şekil öne çıkar. Ben demek önemli olur. Halbuki bende gizli olan bir ben vardır ki, Allah'a ait isimdir o. Hani cân-ı candır gibi. Ama o gizli beni bulmak yerine dıştaki görünen beni adam etmek, geliştirmek için şehvetler, kinler, nefretlerle doların. Biz bu nefsin ilk makamına nefs-i emmâre diyoruz. Emreden nefis. Yani bu Peygamber Efendimiz'in yerden yere vurduğu ve yegâne düşmandır; dışarıda düşman olmaz, nefisten başka düşman yoktur dediği…

NS: Onun için büyük cihat diye adlandırdığı…

CS: Evet ve onunla mücâdeleyi de buyurduğunuz gibi büyük cihat diye adlandırdığı bu ego, bu nefs-i emmâre, Hazreti Mevlânâ'nın tıpkı "At idrarını yapmış; üzerine saman çöpü konmuş; üzerine de sinek oturmuş. Var mı benim gibi kaptan-ı derya!" diye geziyor, diyen insanın haline benzer.

NS: Kendi küçüklüğünün farkına varmayıp Yunus Emre'nin dediği *"Bir ben var bende, benden içeru"* olanı dikkate almayıp, onun farkındalığını yaşamayıp, devamlı cilâlamaya çalıştığı, içinde kendi hırslarından oluşan bir şey var. Hatta zaman zaman, günümüzde egoistlik, övülen bir durum…

CS: Takdir ediliyor, maalesef. Çünkü Allah'la irtibatımız çok azaldığından ve bir de dışı süslemek çok kolay. Mâlûm-i âlîniz incinin hakîkisini alamayınca, mecburen gidip yalancısıyla vakit geçiririz. Dışı süslemek, tıpkı o yalancı inciyle, taklit inciyle oyalanmak gibidir. Ama kuyumcu, onun hakîkisiyle taklidini çok kolay ayırır. Dolayısıyla bu dışımızın, emreder hâle gelmesi, 'ben biliyorum', 'ben en üstünüm' hâle gelmesidir. İşte o anda felâkete uğrarız; hatta çok hoş bir hikâye vardır *Mesnevî*'de, bu emmâreyi anlatan:

"Âlimin bir tanesi, maalesef gene câhil bir âlimmiş, Ebû Cehil hikâyesinde olduğu gibi; gemiye biner. Fakat kendisi çok iyi bildiği için hemen kaptanı imtihan eder. Kaptan buraya gel bakayım, der. Sen fıkıh bilir misin, hadis bilir misin, Kur'an bilir misin? Kaptan biraz mahcup olur. Bilmem efendim deyince, peki ya fizik, kimya, matematik der... Pek bilmem efendim deyince, 'Vah vah! Ömrünün yarısı boşa gitmiş' diye kaptanla alay eder. Kaptan gayet üzgündür ama yolcuya bir şey demez. Birkaç gün sonra muazzam bir fırtına kopar. Kaptan gelir, âlime sorar: 'Yüzme bilir misiniz efendim?' Hayır, der âlim. Öyleyse 'Vah vah! Ömrünüzün hepsi, biraz sonra ilminiz dâhil boşa gidecek.' "

Hazreti Mevlânâ diyor ki, mânâ âleminde yüzdüren ilim, benlik değildir; nefsi emmâre değildir. Rızâdır, râzı olmaktır; nefsin en alt makamı ve en zor verilen, en zor geçilen makamı, emmâredir.

NS: Yani dışarıdan öğrendiğimiz, bize öğretilen, işte kitaplarda okuduğumuz, bize resmi eğitimle verilen bilgiler veya ailemizin zenginliği, güzelliğimiz, aklımız, aklımızın belki çok olması, az olması, bütün bunları topladığımız zaman "Ben çok önemliyim, benim her şeyim var." İşte gördüğünüz gibi benim unvanım da var, makamım da var, şeklim de var, şemâilim de var, param da var diye insanların birbiriyle yarıştıkları şey, aslında birbirlerinin kişilikleri Allah rızâsı, Peygamberimiz'in sözleri üzerinden değil; demek ki, o kendi ego, kendi emreden ego dediğimiz emirleri yerine getiriyor.

CS: Ne güzel yorumladınız. Yani nefs-i emmârede bir dakika sonrayı bile programlama hakkımız yokken, o sanki bütün hayatı kendimiz var ediyormuşçasına ya da demin buyurduğunuz her şey bizde bâkî kalacakmış gibi, hiç değişmeyecekmiş gibi...

NS: Ölümsüz gibi...

CS: Evet, onlarla övünür hâle geçmek, işte bunlar Epiktet'in "Çömlek seviyorsan itiraf et, kırılırsa üzülmezsin" dediği gibi her şey yok olmaya ve çürümeye mahkûmken, geçici şeylerle övünmenin boşluğunu yaşamaktır. Ama gelin görün ki, bu hâle Kur'ân-ı Kerim 'ölü hâl', der. Yani nefs-i emmârede olan insan

Allah'ın indinde ölüdür. O kadar ki, Allah onu kâle almıyor. Fakat bunun bir üstünde nefs-i levvâme vardır. Yani yavaşça artık kendinin de hatâlı olabileceğini fark eder. Buna yaşamın başlangıcı denir: Dirilik. Yani insan şöyledir: Bir akıl eder, "Allah'ım beni affet" der, sonra gene "ama ben haklıyım", der. Yani ikisi arasında...

NS: Evet. Bunu da yine konuşup açacağız mutlaka ama bugün nefis gibi, ego gibi inanılmaz derya bir konuyu böyle kısacık bir zamana sığdırıyoruz. Ama hiç olmazsa merak edilsin, oradan başlansın diye. Evet, bugünkü sohbetimiz burada sona eriyor ve diyelim ki, "İnsanın kırması gereken en büyük put, kendi egosudur."

AŞK

NS: Sevgili Cemâlnur Sargut hanımefendiyle birlikte bugün sizlerle aşkı konuşacağız. Evet, Mesnevî Okumaları'nda aşk çok önemlidir. Çünkü aşk, her şeyin rûhudur, içidir, gözüdür, kulağıdır. Aşk bizim bütün ayıplarımızın, maddî ve mânevî hastalıklarımızın aziz devâsıdır, ilaçtır. Çünkü aşkla aynada, gerçek sen görünür. Aşk ve sevgi bizi insan yapan ve şereflendiren bir kavramdır. *Mesnevî*'de bununla ilgili bölümden kısaca bahsedelim:

"Topraktan yaratılan beden aşktan nasip alınca göklere çıktı, yüceldi."

Dünya bağını kopar, maddeye olan bağlılıktan kendini kurtar da hür ol, ey oğul ne zamana kadar altının, gümüşün esiri olacaksın?

Rızıklar denizini bir testiye dökecek olsan ne kadarını alır? Ancak bir günlük kısmet, bir günlük su.

Harislerin, dünyayı çok sevenlerin göz testileri hiç dolmaz. Sedef de kanaat edici olmayınca içi inci ile olmaz.

Halbuki ilâhî aşk yüzünden nefsâniyetten kurtulan, benlik elbisesi yırtılan kimse, hırstan da, ayıptan da, kötülüklerden de tamamıyla temizlenir.

Ey bizim sevdası hoş olan, güzel olan aşkımız, ey bizim bütün mânevî hastalıklarımızın, dertlerimizin tabibi; sevin, şâd ol...

Ey bizim kibir ve gurur hastalığımızın, böbürlenmemizin devâsı olan aşkımız! Ey bizim hasta gönlümüzün Eflâtun'u, Calinus'u!

Topraktan yaratılmış olan bedenimiz aşk yüzünden göklere yükseldi. Dağ bile çevikleşti, oynamaya başladı.

Ey âşık, Aşk Tûr Dağı'na can olunca, Tûr mest oldu, kendinden geçti, Mûsâ da düştü bayıldı.

Ben de bütün beşerî kirliliklerden kurtulup, beni yaratana ve yaşatana yakın olsaydım da kendimi onda bulsaydım. Kâmil bir insan olarak, ney gibi aşkın söylenmesi gereken bütün sırlarını ve hakîkatlerini söylerdim.

Fakat kendi dilinden anlayanlardan, kendi dilini konuşanlardan uzak düşen kimse, yüzlerce dil, yüzlerce nağme bilse, yine dilsiz olur, susar.

Gül gidip, gül bahçesinin mevsimi geçince, artık bülbülün başından geçenleri işitmez olursun. Şunu iyi bilin ki, kâinatta var olan her şey sevgilinin tecellîsinden ibârettir, onun yarattıklarıdır. Onun kudretini, yaratma gücünü göstermektedir. Aslında âşık bir perdedir. Var olan, diri olan ancak sevgilidir. Âşık bir ölüdür. Var gibi görünen bir yoktur.

Bu hakîkati sezemeyen, ilâhî aşka meyli, isteği olmayan kimse, kanatsız bir kuş gibidir. Vay onun haline, yazıklar olsun ona!

Sevgilimin inâyeti, lûtfu, ihsanı, nûru beni aydınlatmasa, bana yol göstermese, ben nereden geldiğimi, nereye gideceğimi nasıl anlayabilirim?

Aşk, bu sözün, bu gerçeğin söylenmesini, açığa vurulmasını ister, fakat can aynası gammaz olmasın da ne yapsın? Gerçeği nasıl göstersin?[2]

Evet, âşıklık derdi başka hiçbir şeye benzemiyor. *Mesnevî*'de aşk der, aşk der, aslında aşk der ve bu aş-

---

2 Şefik Can, *Mesnevî Tercümesi*, Ötüken Neşriyatı, İstanbul:2003, C. 1-2, s. 15-16 beyit 19-33; Ken'an Rifâî, *Mesnevî-i Şerif*, s.8 beyit 19-34

kın günümüz dünyasında içinin çok boşaltılmış ve de şehvetle, nefsânî isteklerle daha çok biçimlenmiş bir görüntüsü yansıyor ekranlarımıza. Oysa bizim *Mesnevî*'den öğrendiğimiz aşk nasıl bir aşktır?

CS: Efendim, hocamızın çok sevgili öğrencilerinden, Türkiye'nin ilk kadın felsefecilerinden Semiha Cemâl hanım *"Aşk beni ârif etti, inceltti, zarif etti.*

Ben aşkı bilmez idim, içerim târif etti", diyor.

Mevlânâ Hazretleri'nin kastettiği ilâhî aşktır. Aşk ve sevgiyi karıştırmamak lâzım. Aşk kelimesi "ışk"tan, sarmaşıktan gelir. Sarmaşık hani nasıl bir evin etrafını sarar ve sardığı şeyi yok ederse, daha önce bahsettiğimiz nefsâniyetin, benliğin, egonun etrafını saran ve benliği yok eden yegâne şey sarmaşık gibi olan aşktır. Fakat bahsedilen aşk, sevgi değildir. Sevgi, çekim, şehvet, istek, arzu kelimeleriyle ifâde edilebilir. İnsan kedisini, köpeğini, elbisesini bile sevebilir. Aşk bambaşka bir şeydir. Mevlânâ'nın da öğretmenlerinden olan Ahmed Gazalî, Gazalî Sultan târif etmiş, demiş ki, aşk kelimesi 'ayn', 'şın' ve 'kaf' harflerinden oluşur. 'Ayn' görmek demek, yani Allah'ı görmekle iş başlar. Görmek nedir derseniz, Mevlânâ'nın babası Bahâeddin Veled vurucu bir târif yapar: "O kadar hiçim, yoğum, o kadar kudretsizim ve sen de o kadar varsın, o kadar büyüksün ki, hiçliğimle varlığını idrak etmenin adına görmek diyorum Allah'ım", der.

NS: Bugün aslında insanlar görmek deyince sadece sizin cisminizi görmeyi anlıyorlar ve de sizin cismânî varlığınızı görmek gibi sizin bir de maddî çıkarlarını oluşturan mevkinizi, elbisenizi, şunu, bunu görmeyi anlıyorlar. Ama görmek deyince o sizin anlattığınız *Mesnevî*'nin de, Kur'ân-ı Kerîm'in de bize anlatmaya çalıştığı kalp gözümüzle görmek.

CS: Kesinlikle! Mesela birine bile âşık olsanız, aşkı kullanıyorsanız ondaki dış görünüşü değil, ondaki hakîkati görmekten bahsediyorum burada ve 'şın' bununla sarhoş olmak, yani acıyı ve tatlıyı bir bilmek hâline gelmektir. Hani Leylâ ile Mecnûn hikâyesinde olduğu gibi. Hani Leylâ da benim gibi biraz kara kuru, çirkin bir kız ama...

NS: Estağfurullah...

CS: Hatta padişah da Mecnûn'a neresini sevdin bunun deyince, sen kadehle meşgulsün, ben içindeki şarapla uğraşırım, der Mecnûn. Hani...

NS: "Gel de benim gözümle gör", der...

CS: "...gör", der değil mi? Mecnûn Leylâ'nın evinde hizmete başlamış, Leylâ'da bütün çalışanlara yemek dağıtıyor, herkese bol bol vermiş; Mecnûn'a gelince böyle kaşığının tersiyle tın yapmış, Mecnûn sevinçten şakır şakır oynamış, herkes "Sen hakîkaten delisin, sana yemek bile vermedi" deyince, "Bana da sizin gibi mi davransaydı?" demiş. İşte aşk, karşısındakinden bir şey beklememek, onu, ondan geleni o kadar güzel görmektir ki ve sonunda 'kaf', kûn, yani insan kûn seviyesine ulaşır. Yani Allah aşkıyla sarhoş olduktan sonra ancak benliğini ve hakîkatini kazanır. Aşk insanı var eden bir şeydir; ne güzel söyler Mevlânâ: "Akıl adlı ihtiyar, fikir adlı çocuğunu aşk denen mektebe yollamış, ama çocuk oradan hiçbir şey öğrenememiş; bir gün kitaplarını atıp oraya gönül olarak gitmeyi tercih edince, her şeyin hakîkatini anlamış."

NS: Gönül perdesi böylece açılıyor demek ki…

CS: Evet, aşkla açılır.

NS: Bunu bugün için düşündüğümüzde aslında şunu söylemeli: Yani tabii ki insan olarak geçireceğimiz bir evre vardır. Gençken, çocukluğumuzda, gençliğimizde sevgiler, aşklar, birilerini beğenmek, evlenmek, kadın veya erkeği sevmek, ama şöyle sevmek, yani gerçekten gönlümüzle sevmek, onu bütün varlığıyla, iyilikleriyle sevmek. O sevgi biraz pişince, ilâhî aşkı da anlayacak belki, gönül seviyesine gelecek…

CS: Ne kadar güzel söylediniz. Eğer beklentisiz, o mesut olsun diye sevmeyi öğrenirsek, onu memnun etmek için seversek, o zaman bu maddî aşk bile basamak olup insanı ilâhî aşka taşır. İşte burada egoizmin delinmesi lâzım, benliğin gitmesi lâzım ve burada aklın tıpkı çamura batmış bir eşek gibi yolda kalması lâzım ki, aşk hakkın ve hakîkatin aşk olduğunu izhar edip ortaya çıkarabilsin.

NS: Yoksa kadın veya erkek fark etmez, o benim malım, sadece bana ait deyip onu da diğer malların yanına koymanın ne sevgiyle, ne aşkla, hiçbir şeyle zâten alâkası yok…

CS: Ne kadar güzel…

NS: Oradan da ne bir yere gitmemizin, bir yere varmamızın, ne ilâhî aşka varmanın, ne gönlümüzü huzurla dolduracak olan Peygamberimiz'in, Allah'ın sevgisiyle neşe bulmanın imkânı yok, aslında hayatta da neşe bulamıyor insan.

CS: Kesinlikle! Buyurduğunuz sadece sevgiliye karşı değil. Biz evlatlarımıza da âşık oluyoruz. Hatta kıyafetlerimize, hatta kendimize âşık oluyoruz. Ama gerçekte bunlar aşk değildir. Ama bunları bile, evlâdını bile Allah için sevebiliyorsan, ne kadar güzeldir *Mesnevî*'deki Nûh'un hikâyesi; hani "Hazreti Nûh, ellerini açmış, Allah'ım bu benim evlâdım niye bana inanmıyor, niye gemiye gelmiyor, tufan olacak deyince. Allah'tan nidâ gelmiş: Üç kere benim dedin ya Nûh, sana ben bir ömürlük onu verdim ki, onu adam edesin, beni tanıtasın diye. Sen benim, benim, diyorsun." O halde aşk benim değil, senin demekten geçer.

NS: O yüzden çocuklarımızla ve mallarımızla imtihan oluyoruz.

CS: Kesinlikle efendim!

NS: Yani onlar, çocuklarımız da bizim malımız mülkümüz değil, malımız mülkümüze katılacak şeyler değil, eşlerimiz de. Ancak kendi sevgimizi fedakârca, karşılıksız vereceğimiz ve hayatta iyi insan olmamızı sağlayacak bir birliktelik, bir beraber hayatı yoğurma diyebilir miyiz?

CS: Çok güzel söylediniz. Bir de eğer Allah aşkı insanda zuhûra gelirse, acı ve sıkıntılar zevk gibi geliyor. Şöyle hissediyorsunuz: İşte beni biraz daha çok seviyor da, onun için biraz daha çok acı verdi, çok şükür diyorsunuz. Allah insana bu hâle gelmeyi nasip etsin, inşallah efendim.

NS: İnşallah! Çünkü hep en basit dertlerde insanlar sıkıntıdayım, diyor. Ay ayağım takıldı, sıkıldım. İşte beğendiğim elbise olmadı, çok sıkıldım. Ay ne kadar üzüldüm, işte istediğim parayı vermediler ve her şey böyle sıkıntı, üzüntü nedeni. Halbuki bunlardan çok daha büyük sıkıntılar, üzüntüler var hayatta. Yarın devam edeceğiz elbette ve biz de sözümüzü bağlayalım ve diyelim ki, "İnsan olmanın sırrı aşktır."

YALAN

NS: Mesnevî Okumaları'nda yeniden sizlerle birlikteyiz efendim. Evet, bugünkü konumuz aslında İslâmiyet'te en büyük günah kabul edilen 'yalan'. Evet, *Mesnevî* bakalım ne demiş:

Şeytan dedi ki: "Sen, ters, eğri büğrü görüp suçu bana yükleme! Ben; kötülükten, hırstan, kinden beriyim. Bu gibi haller bende yoktu.

Ben bir kötülük ettim, Âdem'e secde etmedim; emredildiği halde emre uymadım. O saygısızlığımdan ötürü hâlâ pişmanım; gecemin gündüz olmasını, yani Hak'kın rahmetine ve affına kavuşmayı beklemekteyim.

Ben halk arasında suçlu görüldüm. Kadın olsun, erkek olsun herkes işlediği suçu bana dayamakta, benim üstüme atmaktadır.

Zavallı kurt, bir şey yemediği, karnı aç olduğu halde koyun yemiş diye suçlanır. Çünkü o, koyun paralamakla meşhurdur."

Emir Muâviye dedi ki : "Doğruluktan başka hiçbir şey seni kurtaramaz, adâlet seni doğruluğa dâvet etmektedir.

Doğru söyle de elimden kurtul, hile savaşımın tozunu yatıştıramaz!"

Şeytan dedi ki: "Ey hayal kuran ve türlü düşüncelere dalan Muâviye! Yalan ile doğruyu nasıl ayırt edersin?"

Muâviye: "Hazreti Peygamber Efendimiz buna dair bir açıklama yapmış; kalp ve sağlamı anlamak için bir mihenk taşı vermiştir.

Buyurmuştur ki: 'Yalan, kalplerde şüphe uyandırır; doğru ise insana emniyet ve neşe verir'." Gönül, yalan sözden rahatsız olur; su ile karışmış yağ, çerağı aydınlatmaz!

Doğru söz gönlü rahatlatır, doğru sözler gönül tuzağının taneleridir.

Gönül hasta ve ağzının tadı bozulursa doğru ile yalanı ayırt edemez.

Fakat gönül hastalıktan ve illetten kurtulmuşsa, yalanın, doğrunun tadını bilir ve anlar. Âdem'in buğdaya hırsı artınca, bu hırs onun gönlünden sıhhati ve selâmeti de kapıp götürdü. [3]

Evet, bu hikâye daha uzun; şeytanla Muâviye doğruyla yalan nasıl ayrılır ve yalan nasıl kötüdür üzerine konuşuyorlar ama sevgili Cemâlnur Sargut hanımefendiye dönüp sormak istiyorum aslında. Peygamberimiz'in çok güzel yalanla ilgili de bir öyküsü var. Günümüzde yalan söylemek, hani neredeyse su içmekten kolay ve yalanı normal, pembe, mor, yeşil diye ayırdığımız için, yalan söylemek, söylenebilir bir durumdur diye düşünüyoruz. Oysa *Mesnevî*'yi okuduğumuzda ve Peygamber Efendimiz'in sözlerine, hikâyelerine baktığımızda bunun hiç böyle olmadığını görüyoruz. Evet, o çok kötü, her türlü kötülüğü yapan adam geliyor Peygamber Efendimiz'e, "Ben îman etmek istiyorum", diyor.

CS: Evet, adamcağız gelmiş, zinâ yaparım demiş, kumar oynarım, ticarette ahlâksızlık yaparım, yalan da söylerim. Ben müslüman olabilir miyim? Peygamber Efendimiz demişler ki, "Diğerlerini yap da bir tek yalandan vazgeç, o zaman müslüman olursun." Adam doğrusu Peygamber'e âşık olmuş, görmüş Hazreti Ömer gibi. Hani Hz. Ömer Peygamber'i öldürme-

3 Şefik Can, *Mesnevî Tercümesi*, Ötüken Neşriyat, İstanbul: 2003, C.1-2, s.462-463 beyit 2725-2728, 2730-2739

ye gelmiş ama görünce âşık olmuş. Adam demiş ki Peygamber'e, başüstüne, o kolay, yalanı söylemem. O gece evine gitmiş, ertesi gün huzuruna çıkacak, o gece de canı kumara gitmek istiyor; Peygamber soracak, dün gece neredeydin diyecek, yalan da söyleyemez. Hiç hoşuna gitmez diye o gece kumarı terk etmiş. Ertesi gece başka ahlâksızlığı... Sonunda bakmış ki, hiçbir kötü tarafı kalmamış. Görüyoruz ya bir tek yalandan kurtulmak, bütün kötü huylardan kurtulmaktır.

NS: Yani kötülüklerin anası yalandır, diyebilir miyiz?

CS: Kesinlikle böyledir! Çünkü Peygamber Efendimiz'e soruyorlar: "Bir insan, bakın bizim günahların en büyüğü olarak korktuğumuz zinâyı yapsa müslüman olur mu?" Peygamber diyor ki: "Olur, ama ben duâ ederim, inşallah o kötü huyunu bırakır." "Peki, yalan söylese müslüman olur mu" "Hayır, olmaz!" diyor. Düşünün, zinâ yapmamak için tir tir titrerken, yalan söylemeyi âdet haline getirmiş bir milletiz. Halbuki yalanın zinâdan dahi büyük bir günah olduğunu Hz. Peygamber bize defalarca

NS: Sevgili Efendimiz söylüyor zâten...

CS: Kesinlikle! Yalanda çok mühim bir mefhum var. Yalan söyleyen insan, Allah'ın her an kendini gördüğünden bîhaber demektir. Bunu da Hücverî Hazretleri çok güzel anlatmış; demiş ki, "Hazreti Yûsuf, Züleyhâ'ya âşık oldu, beğendi Züleyhâ'yı, fakat günah işlemekten de korkuyor. Çünkü Züleyhâ evli. Allah'ına yalvardı, beni harama sürükleme, gönderme, engel ol Allah'ım diye. Züleyhâ Yûsuf'u çeke çeke götürürken çok mühim bir şey yapmış, taptığı putun yüzünü örtmüş. O zaman Yûsuf demiş ki, sen putunun yüzünü örtersin ama benim Allah'ımın yüzü örtülmez, O beni her yerde görür. O halde kimden kime yalan söylüyoruz. Allah'ı asla kandıramayız. O bizi her an görüyor ve biz, dünyaya kulu memnun etmek için değil, Hak'kı memnun etmek için geliyoruz.

NS: İşte bunun ayrımı galiba unutuluyor hep, yani ben size yalan söyleyip kandırabiliyorsam, başka biri bana yalan söyleyip kandırabiliyorsa, işte anne çocuğuna masum diye yalan söyleyerek kandırıyor, ben doktora gidiyorum deyip eğlenceye gidiyorsam, yani devamlı bir yalan söyleme, birini kandırıyoruz, nasılsa kullar kandırılabildiği için, bu bizim nezdimizde sanki –hâşâ- Allah'ı da kandırmak gibi geliyor.

CS: Ne kadar güzel söylediniz. Yalan söylemek bu kadar günahsa, önce evimiz içindeki terbiyede yalan söylememeyi âdet haline getirerek evlâdımızı terbiye etmeliyiz. Ben daha da ileri gideceğim. Hamile anneler yalan söyledikleri zaman evlatları hisseder ve yalancı olarak doğarlar. Dolayısıyla yalanı hayatımızdan çıkartmak lâzım ve çok üzülerek rastladığım bir şeyi anlatmak isterim: Bir dostum çocuğunun yalan söyleyerek nasıl kurtulduğunu, bir zekâ belirtisi olarak, övünerek anlattı ve ben ağladım. Yani biz evlatlarımızın yalan söyleyişiyle övünecek kadar Allah'tan uzak bir millet haline inşallah gelmeyiz diye duâ ediyorum.

NS: İnşallah! Çünkü günümüzde gerçekten de aile içindeki ilişkilerin, bu kadar çok evliliklerin bozulması, aile hayatının bozulması ve insan ilişkilerinin; iş yaşamının bozulmasında yalan birinci derecede rol oynuyor. Esnaflar esnaf değil, yani eskiden olsa pabuçları damda gezerdi. Size tüketici olarak yalan söylüyor esnaf. Gidiyorsunuz başka yerde kandırılıyorsunuz, evde siz kandırıyorsunuz. Bu birbirini kandırma ve yalan söyleme üzerine kurulu düzenin, sonunda gelip bizi vurduğu kesin değil mi?

CS: Kesinlikle! Karşımızdakinde de tecellî edenin Allah olduğunu düşünürsek, kimden kime yalan söyleyeceğiz? Sonra yalanın içine söz verip, yapmamak giriyor. Halbuki bu İslâm'da en büyük günahlardan biri, söz Allah'a verilir, kula verilmez. Yani Allah'a karşı sözümüzde durmamış oluyoruz, vakte riâyet etmemek oluyor, işinde ahlâklı olmamak oluyor. Ahlâk tamamen iflas ediyor. Sadece yalanın mubah olduğu bir tek yerden de bahsetmek isterim. İki kişinin arasını düzeltmek için söylenen yalan ve harpte söylenen yalan mubahtır. Fakat bu mubahtır diye bunu başka yerlerde kullanmayalım, diye inşallah duâ ediyorum efendim.

NS: İnşallah! Zâten eğer biz o kadar iyi niyetli ve yalandan o kadar uzak yaşayabiliyorsak, sadece iyi niyetten iki insanın küslüğünü veya kavgasını düzeltmek amaçlı yalan söylüyorsak, bunun idrakine varmışızdır, demektir.

CS: İnşallah efendim!

NS: İnşallah Allah hepimize bu idraki nasip etsin diyelim.

CS: Bendeniz de âcizâne böyle duâ ediyorum, dâima başta kendim olmak üzere. Eğer biz doğru yaparsak çevremize çok güzel örnek oluruz. Allah'ımız da bizden memnun olur, inşallah efendim.

NS: Evet, aslında gerçekten söylenecek en güzel şey, Peygamber Efendimiz'in sözle değil bütün hayatıyla bunları bize anlattığı.

CS: Kesinlikle, hatta Tevbe Sûresi indiği zaman Peygamber'e; bu sûrenin mânâsını açıkla, diyorlar.

Yalan söylememek için aylar ayı Allah'tan cevap gelene kadar açıklamamışlar. Bu da bize inşallah örnek olur efendim.

NS: İnşallah! İnsanlara devamlı bunu yap, şunu yap diye onlara ahkâm kesmek yerine kendi hayatımızda ne yaptığımız, ne yapmadığımız önemli. Yani biz yalan söylemeyeceğiz. Önce ben yalan söylemiyorum, emin olacağım. Sonra başkasına da yalan söylememesi gerektiğini söyleyeceğiz herhalde.

CS: Ne kadar doğru söylediniz. Bu söylediğiniz terbiyede en önemli şey, çünkü hâl etmeden tesir edilmez. Hani çocuğa bal yedirmemek için tesir eden mürşidin, kendisinin kırk gün bal yemedikten sonra çocuğa bal yeme, bal yeme, bal yeme deyişi gibi biz hâl etmeden, yani kendimiz yalan söylüyorsak, evlâdımıza nasıl yalan söyleme diyebiliriz. İnşallah hâl etmeyi Allah cümlemize nasip etsin.

NS: İnşallah! *Mesnevî* bize güzel ahlâklı olun der, tabii ki Kurân-ı Kerîm'in emrettiği gibi, zâten o da bir meal. Yani güzel ahlâklı olmak ve de siz hâl dilinde olun, kâl dilinde olmayın; yani sadece söyleyen olmayın, yapan olun, hayata geçiren olun, der.

CS: Buyurduğunuz çok önemli bir nokta, çünkü Peygamber'e "Din nedir ya Resûlallah?" deyince

"Güzel ahlâktır", diyor. Yani bugün 'ben dinsizim' diyen insanlar, yani 'güzel ahlâksızım' demek istiyorlar. Yani bende ahlâk yok demektir dinsiz olmak. Yoksa din kalıp değildir, din ahlâkı tamamlamak demektir. İnşallah güzel ahlâklı olalım ki, dindar olalım o şekilde, etrafa da faydalı olalım.

NS: Evet, tabii dindarım dediğiniz zaman da ben güzel ahlâklıyım ve güzel ahlâkın yanındayım, güzel ahlâk için elimden geleni yapıyorum, çevreme bununla ilgili örnek olmaya çalışıyorum, demiş oluyoruz.

CS: Çok doğru.

NS: O zaman dindarım derken, gerçekten hiç aklımızdan çıkarmayacağız ki, "yalan söylemek büyük bir günahtır".

CS: Evet.

NS: Mutlaka gerçekten hayatımızda yaptıklarımızın da bu söylediklerimizle uyumlu olması gerekiyor.

CS: Çok doğru. Puttur yalan söylemek. İnsanı yalandan yalana götürür ve korumayı kaldırır. Allah korusun yalandan hepimizi inşallah.

NS: Evet, inşallah, Allah korusun ve put kelimesinin de tekrar altını çizelim, çünkü *Mesnevî* puttan çok söz eder. Yani nefsimizin put olması, kindarlığın put olması, işte hasedin, kıskançlığın, bizim işleyeceğimiz bütün konular da aynı zamanda bunlar hep birer puttur, der. Bizim dinimiz putlara karşı kurulmuş bir din olduğuna göre biz bunlara karşıyız. O yüzden puttur diye bazen insanlar bir fotoğrafı, bir resmi bile istemezken, kendi içinde görülmeyen putları kırmayı başarmakta zorlanıyorlar.

CS: Evet, çok doğru. Nefis öyle bir 'ben' demekten zevk alıyor ki, yalan söylemek de bir çeşit ruhsal hastalıktır. Yani kendini empoze etmek, kendini ortaya çıkarmak ve insanların ilgisini çekmek için yapılır. Halbuki bizler Allah'ın ilgisini çekmek için mücâdele verirken yalana başvurmak da çok yanlış bir şey oluyor.

NS: Küçücük bir kulun ilgisini çekmekten koskoca Allah'ın ve sevgili Efendimiz'in ilgisini çekmek çok daha güzel bir duygu olması gerek, daha büyük mutluluk verici bir şey olması lâzım.

CS: Ahlâkla bu ilgi çekilebiliyor. Öylesine etrafa hizmetçi olmayı Allah bize nasip etsin ki, Peygamber ve Allah da bizden memnun olsun inşallah!

NS: İnşallah! Evet, milletimize, çevremize, yakın ailemize, insanlara hizmet etmek bize verilebilen en büyük, en büyük lûtuflar gerçekten. Bu zor lûtfu bize ihsan ederse, biz de bu ihsanı gerçekten yerine getirmek için çalışmalıyız, değil mi?

CS: Allah râzı olsun.

NS: Bütün gönlümüzle, bütün ibâdetimizle inşallah efendim, size de Allah bunu nasip etsin diyoruz ve de sözümüzü "Yalan kalbinizdeki bir diken gibidir, batar, acıtır, yalandan vazgeçelim", diyerek bitiriyoruz.

HASET VE KISKANÇLIK

NS: Mesnevî Okumaları'ndan hepinize merhaba efendim. Hoş geldiniz, sefâ getirdiniz. Bugünkü konumuz 'kıskançlık'. Çok tanıdık geliyor değil mi? *Mesnevî*'de bunun aslı: **"Hased"**.

Hak yolunda yürürken haset gelir çatar da gırtlağına yapışırsa bil ki, bu hasette şeytanın azgınlığı var.

Şeytan, Hazreti Âdem'e haset ettiği için ona secde etmeye utandı. Hasetten ötürü kendini saadetten mahrum kıldı.

Hak yolunda hasetten daha zor, daha tehlikeli bir geçit yoktur. Gönlüne hasedi sokmayan kişi, ne mutlu kişidir.

Şunu iyi bil ki, bu beden haset evidir. Ev halkı, bedene ait bütün duygular, idrak, işitme, görme, takdir etme duyguları haset yüzünden kirlenirler, pis bir hale gelirler.

Beden haset evidir, ama Allah kâmil insanların bedenlerini tertemiz etmiş, arındırmıştır. *"Evimi temizleyin."* âyet-i kerîmesi vücut ve ruh temizliğini emreder. Gerçi vücudumuz topraktan yaratılmıştır, fakat hakîkatte vücut bir nur hazinesidir.

İçinde haset bulaşığı olmayan kimseye haset edersen, hile yaparsan, o haset yüzünden gönlüne karartılar çöker, lekelenir.

Hak erlerinin ayakları altına döşen, toprak ol, bizim gibi sen de hasedin başına toprak saç.[4]

Evet, sevgili Mevlânâ kıskançlığın ne kadar kötü olduğunu Peygamber Efendimiz'in sözüyle de söylüyor: Gerçekten günümüzde insanlar birbirini kıskanmaktan, kıskanmayı da hatta normalleştirmekten kendini alıkoyamıyorlar.

CS: Hocamın çok güzel bir sözü var, diyor ki, "Eğer sokağa çıktığında kendini bütün yaratılmışlardan aşağı görmüyorsan, insanlık makamına yükselmemişsin." Aman efendim diyorlar, karşıdan eşek geçiyor, ondan da mı aşağı göreceğiz? "Eee, onun kadar da yük taşıyamıyoruz" diyor. Görüyorsunuz ya her şe-

4 Şefik Can, *Mesnevî Tercümesi*, Ötüken Neşriyat, İstanbul:2003, C.1-2, s. 50-51 beyit 429-436
Ken'an Rifâî, *Mesnevî-i Şerif*, Kubbealtı Neşriyatı, İstanbul:2000, s. 64 beyit 436-443

yin bizden üstün bir tarafı vardır. O halde kime haset edeceğiz? Yaratılmışın hepsinde Allah'ın bir ismi var. İnsan haset ettiği zaman Ebû Cehil gibi olur. Düşünün adı Ebû'l Hikem'miş, hikmetlerin babası. Her şeyi bilirken bir Peygamber'e haset etmek yüzünden cehâletin babası adı unvanını almış ve ömrünü hasetle geçirmiş. Buradan anlaşılıyor ki, hasedin kendine zarar vermekten başka kimseye zararı yok. Zîra insan karşısındakini nasıl aşağılayacağını, alt edeceğini düşünürken tamamen kendini yok eder, negatif enerjiyle hastalıkları dâvet eder. Öyleyse haset ve kıskançlık eğer başkasına zarar verici nitelikte ise ne büyük felâkettir. Ama kıskançlık gıpta halinde ise bu gıpta daha güzele erişmek için bir gayrete yönelir.

NS: Yani özenmek, gıpta etmek, ah onun gibi ben de yapabilsem demek ve bunu kendisine hedef olarak görüp, oradan dediğiniz gibi bir enerji alıp, onunla bir küçük kendi yarışını yapmak; onlar güzel şeyler, insânî şeyler. Ama haset ve kıskançlık dediğimizde, bu insanların her yaptığını kıskançlık duygusuyla kirletip, her şeye kıskançlıkla bakmak, ona gidip şimdi bir laf söyleyeyim, hemen gidip nasıl kötü giyindiğini bir anlatayım, hemen gidip zâten bu aldığı unvanın bir kuruş değeri olmadığını söyleyeyim, hatta bir başkasını seviyor diye insanlara kıskançlık duymak var.

Sen beni sevmiyorsun da onu mu seviyorsun, nasıl seviyorsun diyenler var.

CS: Allahım, inşallah bu hastalıktan bizi korusun, diye duâ edelim. Bu gerçekten insanı hürriyetten alıkoyan bir hastalık, çünkü hürlük dışarıdan gelen bir şey değildir; içeriden kinleri, hasetleri yok ederek, insan hürriyete kavuşur. Çünkü dışarıdan insanı hapse de soksanız, insan içinden hürse, orayı cennet gibi görür, köşk gibi görür. Dolayısıyla İblis'i iblis yapan, yani şeytanlıktan çıkarıp iblis yapan "Ben Âdem'den üstünüm" lafıdır. O halde 'ben üstünüm' lafı insanı benlik ehli iblis haline getirir ki, Allah'ın katından kovdurur. Hatta savunmaya geçirtir: "Bana da sen yaptırttın Allahım, yoksa ben secde ederdim.", dedi şeytan, yahut İblis. Hazreti Âdem ise "Benim hatâm!" dedi. İblis'e sordu Allah: "Peki sen yaptırttın, diyorsun. Evet, yapan, yaptırtan benim, ama senin hiç mi hatân yok?" "Hayır, yok efendim. Sizde güç var." dedi İblis. Hazreti Âdem ise "Evet, güç ve kuvvet size ait, ama ben bir parçayım. Cüzün hatasını külle, bütüne teşmil edemem." dedi. İşte kendini eksik, hatâlı ve küçük görmek, Allah indinde Âdem seviyesine çıkmak ve tecellî makamına yükselmek demektir.

NS: Bunu yani, Allah'ın bir zerresi olduğumuzu, onun nefesinden var olduğumuzu bugün bulunduğumuz yerde hatırlamıyoruz. Yani sadece öyle basit yaratılmış varlıklar değiliz. Onun, o bütünün, o büyüklüğün, Allah'ın güzelliğinin bir küçücük parçası, zerresi olmayı hissedebilsek, içimizde görülmeyen bütün bu kirlerden arınmak herhalde daha kolay olur.

CS: Doğrusunu isterseniz, ne kadar güzel söylediniz, Benim Kur'ân-ı Kerim hocama bir arkadaşımız sormuştu, ben niye Cemâlnur gibi güzel anlatamıyorum, diye. O da senin kadar cömert değil, diye cevap verdiğini hatırlıyorum. Yani hepimizin farklı güzellikleri var. İnsan başkasına haset etmek yerine kendindeki Allah'a ait güzelliği ortaya çıkararak sonsuz hürriyete kavuşmayı denerse, bütün vücûdu ve rûhu mutluluk içinde oluyor, çirkinliklerden uzaklaşıyor. Başkasına güzel görünmek derdinden kurtuluyor.

NS: Mutsuz olanlara söylememiz gerek, eğer insan mutsuzsa bu dışarıdan Ahmet'in bana yaptığı, kocamın yaptığı, karımın yaptığı, arkadaşımın, annemin, babamın, dışarıdakilerin yaptığı ile ilgili değil. Kendi içimizdeki kirlenmişlik bize mutsuzluk getiriyor. Mutsuzluk oradan doğuyor, ama biz adını koyamıyoruz, onu keşfedelim.

CS: Ne kadar güzel söylediniz. Hatta hocamız diyorlar ki, kalp illetinden kurtulmanı engelleyen üç özellik vardır: Birincisi hasettir, diyor. Üstelik evliyâya haset etmek, Ebû Cehil gibi haset etmek insanı felâkete götürür. İkincisi ahmaklıktır, üçüncüsü idraksizliktir, diyor. Yani insanı Allah'la irtibattan alıkoyan şeylerin başında karşımızdakini aşağılamak geliyor. Allah bizi bu hasetten korusun.

NS: Âmin!

CS: Sonuçta haset ettiğimiz Allah'ın ismi, sıfatı oluyor. Yani, Allah'a haset etmiş oluyoruz. Hâşâ! Onun için bu hasetten korusun. İkincisi, eğer bir veliyullah, evliyâ, âlim de haset etmiyorsa, o hakîki evliyâdır. Peygamber'le Ebû Cehil karşılıklı otururlarmış; Ebû Cehil bütün gece, yarın onu nasıl alt ederim diye düşünmekten uyuyamazmış. Peygamber ise Allah'ına ibâdet ederek gecelerini geçirir; mutlu ve huzur içinde yatarmış. Dolayısıyla ikisi arasındaki farka bakın, kime zararı var? Ebû Cehil'in acısının yalnız kendine zararı oldu. O kadar benlik ve kibir ehliymiş ki, öldürmek üzere bir müslüman asker üzerine oturduğunda, düşünün öldürülecek, sorduğu soru şu olmuş: "Sen bir müslüman olarak nasıl benden daha yukarıda olursun?" Bunun verdiği acıya bakın; öldürülmeye râzı, yeter ki kendinden üstünü olmasın.

NS: Egosu o kadar yüksek, egosu o kadar her şeyin üstünde ve kıskançlıkla sarmalanmış durumda ki, yani ölürüm ama yeter ki hani senin benden üstün olmadığını bileyim, öyle öleyim.

CS: Kesinlikle ve bunu Ebû Cehil'e kadar ilerletmeyelim. Sizin de buyurduğunuz gibi bizim nefsimiz de Ebû Cehil! Nefsimiz birazcık birisi bir şey dese, hemen 'ben' diye kalkıyor. Hemen haset etmeyi ön plana geçiriyor. Hep bakıyorum etrafımda, onun evi daha güzel, o daha sıhhatli, o daha mutlu diyen insanlar dolu. Halbuki ne bilebiliriz ki?

NS: Televizyondan gördükleri çok ünlü insanların hayatına imrenip, o bak nerelerde geziyor, o neler giyiyor, o neler içiyor, diye düşünüyor. Onlar da ballandırarak anlatıyor ve hani kendi kurdukları bir cennet varmış gibi, insanları kıskançlığa sürüklüyorlar. İnsanlar kıskanıyorlar ama arkasında ne var bilmiyorlar.

CS: Halbuki mütevâzilikten daha büyük mutluluk ve huzur yoktur. Ben dememekten, arka tarafta kalmaktan, herkese Allah'ı için duâ etmekten, kendinin elindeki şartlarla ne kadar mutlu olduğunu idrak etmekten, daha güzel hastalıklardan koruyucu bir yol yoktur bence.

NS: Evet Cemâlnur hanımcım, yani elimizde var olan güzellikleri fark edebilmek önemli. Elimizdekileri fark etmediğimiz için devamlı komşunun kazı ve tavuğuna baktığımız için -komşunun malı bize büyük görünür- ve hep onun kıskançlığıyla hayatını geçiriyor insanlarımız. Halbuki kendi içimizdeki güzellikler, çevremizdeki varlıklar, ailemiz olsun, işimiz olsun, sevdiklerimiz olsun, onlar, yani onların yeterliliği üzerinde kimse düşünmüyor; bu sefer elindekini de kaybediyor.

CS: Çok doğru. Bütün bu hastalıkların en büyük ilacı başkalarına hizmetle vakit geçirmektir. İnsan sabah kalktığında benden kötü durumda olanlara nasıl yardım edebilirim diye düşündüğü zaman, ne kırışığını görecek vakti oluyor, ne acaba yaşlanmışım diye düşünecek yahut çocuğum illâ ki on alsın dersinden diye onunla bozacak ya da eşim bugün ne yaptı diye bozacak bir hâli olmuyor. Kime yardım edebilirim demeye başlıyor ve dünya cennete dönüyor. İşte bu hâli takınmak Allah'ın istediği hâldir. Bunu nasip etsin Allah bize inşallah.

NS: Âmin, inşallah! Yani iyi müslüman olmayı, iyi ahlâklı olmayı mutlaka bu özelliklerimizle yapabiliriz. Sadece belli günlerde, belli sûreti olan şeyleri yaparak, işin gösteri bölümünde olarak yapamayız ama içimizi temizlemek, tabii sevgili Efendimiz'in söylediği gibi müslüman olmak zor bir şey; insanlar birini kıskanmayı daha kolay zannediyor.

CS: Çünkü haset ve kıskançlık çok kolay bir şey, ama bizim Peygamber'de gördüğümüz hiç olmayan bir haslet. Ne güzel bir söz söylemiş: "En büyük özelliğim ümmetimin hizmetçisi olmaktır." demiş. İşte biz de eğer ümmetin hizmetçisi olmayı becerebilirsek, en yüksek biz oluyoruz, hiç olmayı becerebilirsek en büyük biz oluyoruz ki, kime haset edeceğiz? Bir hiçe kim haset edebilir ki? Bununla ilgili kısaca bir hikâye anlatmak isterim. "Bir tane derviş, kaymakamın odasına girmiş. Çok kalabalık oda, kendisi de başlamış tespih çekmeye. O sırada kaymakam girmiş içeriye. Herkes ayağa kalkmış. Bizim derviş tespih çektiği için farketmemiş kaymakamın içeri girdiğini. Kaymakam, sen! demiş, niçin kalkmıyorsun? Çabuk kalk! Adamcağız da kalkmış ama biraz utanmış, kimsiniz, tanıyamadım, affedin, deyince; kaymakamım demiş, hatta vali olacağım, hatta başbakan, belki de artık en üst mevkiye kadar yükselip cumhurbaşkanı bile olabilirim. Bunu üzerine, 'sonra' demiş adamcağız. Adam düşünmüş, bundan sonra başka ne olabilirim diye... 'hiç' işte, demiş, daha ne olabilirim? Derviş: 'İşte! Ben o hiçim, onun için kalkmadım.', demiş." İşte onun için o hiç olmayı becerebilmek, insanı hasetten, kibirden, nefretten, her şeyden korur. Allah cümlemize nasip etsin.

NS: Allah cümlemize gerçekten nasip etsin. Çünkü devamlı başkalarının hayatlarını izlemekten, başkalarının hayatlarının peşinde koşmaktan, insanlar o kadar yorgun düşüyor ki; sonra yeni moda çağın hastalıklarından olan depresyon devreye giriyor. Allah hepimizi ondan korusun, diyelim o zaman. Evet, efendim bugünkü sohbetimizin de sonuna geldik ve ne diyelim: "Kıskançlık mutsuzluğun temelidir."

GIYBET

NS: Mesnevî Okumaları'ndan merhaba efendim. Bugün de yeniden sizlerle birlikteyiz. *Mesnevî*'den okuyacağımız bölüm bugünkü konumuza işaret ediyor. "Dedikodu".

"Söze çok dikkat etmek gerekir."

Bu dil çakmak demiriyle çakmak taşı gibidir. Dilden sıçrayıp çıkan söz ateşe benzer.

Bazen laf olsun diye, bazen de bir şeyi anlatmak, nakletmek için o demiri ve taşı birbirine vurma.

Çünkü ortalık karanlık ve her tarafta pamuk var. Kıvılcım pamuğa sıçrarsa ne olur?

Zâlimler insanlara kötülük yapmak isteyen o kimselerdir ki, gözlerini kapamışlar; söyledikleri sözlerle âlemi fitne ateşiyle yakıp yandırmışlardır.

Şunu bil ki, ağızdan, dilden ansızın çıkan söz yaydan fırlamış ok gibidir.

Ey oğul! O ok bir daha geri dönmez. Suyu baştan kesmek gerek.

Selin başlangıçta başı bağlanmaz, önü çevrilmezse, bütün dünyayı tutar; birçok yerleri yıkarsa, buna şaşılmaz.

Bir söz vardır dünyayı yıkar, harap eder; bir söz de vardır, ölü gibi cansız duran tilkiye aslan cesâreti verir.

Ruhlar aslında aynı yerden geldikleri için Îsâ nefeslidirler. Bazen nefse uyarlar, yara olurlar. Bazen Hak'ka uyarlar, dertlere devâ, yaralara merhem kesilirler.

Ruhlar nefsânî arzulardan kurtulsalardı, günah perdelerini yırtsalardı, her ruhun sözü Îsâ nefesi gibi diriltici olurdu.

Şeker gibi söz söylemek istersen, sabret, hırstan vazgeç, nefsânî zevkler helvasını yeme. Çünkü helva yemeyi çocuklar arzu eder; akıllı fikirli kişiler ise sabrı arzu ederler.

Sabreden göklerin üstüne yükselir; helva yiyense geriledikçe geriler." [5]

---

5 Şefik Can, *Mesnevî Tercümesi*, Ötüken Neşriyat, İstanbul:2003, C.1-2, s. 117 beyit 1593-1596, 1658-1660, 1597-1602; Ken'an Rifâî, *Mesnevî-i Şerif*, Kubbealtı Neşriyatı, İstanbul:2000, s. 222,231 beyit 1619-1622, 1684-1686, 1623-1628

Evet, efendim, sevgili Cemâlnur hanımefendi. Dilin zekâtı ve orucu diye de bir şeyden söz ederler. Evet, bu dil başımıza bir yığın dert de açar, şekerlikler de getirir, ama günümüzde dedikodu programlarının en çok izlendiğini düşünürsek, bu dedikoduyu galiba konuşmamız lâzım, bir mümin nasıl bu dedikodudan uzak kalsın?

CS: Efendim, aslında zinâların en beteri göz zinâsıdır ki, bu da başkalarının hayatıyla meşgul olmaktır. Maalesef bugün biz, başkalarının hayatlarıyla meşgul olmayı birçok ibâdete tercih ediyoruz, ama mâlûm-i âlîniz oruç ayındayız ve dilin orucu oruçların en yücesidir. Dilin orucu dedikodudan uzak durmaktır, mâlâyâniden, dünyayla ilgili zevklerden uzak durmaktır. Zîra Allah'la meşgul olmamızın çok kolaylaştığı bu ayın içerisinde, insanın orucu tutarken dünya zevkleriyle ilgilenmesi ve başkasının aleyhine konuşması, hâşâ doğru bile olsa, doğruyu anlatsa bile, başkasının anlatılmasını istemediği bir şeyi anlatması, ardında 'ben ondan üstünüm, ben yapmam' iddiası taşır ki, Allah indinde en büyük kusur olan, günah olan 'küfür' makamındadır. Öyleyse gıybet ve dedikoduyu insanın hayatından uzaklaştırması lâzım. Hatta doğru bile söylese, çok iyi bilirsiniz Peygamber Efendimiz Hazreti Ayşe ile konuşuyorlarmış, Hazreti

Ayşe demiş ki: "Ay, ne kadar uzun boylu bir adam geçiyor!" Gıybet ettin ya Ayşe, tükür!" buyuruyorlar ve kan tükürüyor Hz. Ayşe. Görüyor musunuz, başkalarının aleyhinde konuşmak kan tükürmekle eşdeğerdir.

NS: Üstelik henüz olumsuz bir şey bile söylemeden. Ama bugün televizyonun karşısına geçip ya da insanların karşısına geçip devamlı onunla alay ediliyor, boyu posu, işte yaptığı, yapmadığı, tanımadıkları insanlar için de her konuda dedikodu yapılıyor, tanıdıkları insanlar için de dedikodu yapmak tabii böylece doğallaşıyor. Normal hayatın bir parçası haline getiriliyor.

CS: Çünkü insan hakîkaten mânevî zevklerden uzak olduğu zaman kendine bir zevk edinmesi lâzım. O zaman da âfâkî konuşmaları zevk ediniyor. Halbuki Peygamberimiz bize iki büyük sözden bahseder: *"Allah'ı bilenin dili uzar; Allah'ı bilenin dili kısalır."* İkisi de Allah'tan geldiğine göre niye birbirine zıt diye düşünürseniz, Allah'ı bilenin dili kısalır, çünkü dünyadan konuşmaktan vazgeçer; dili uzar, çünkü Allah'tan bahsederken söyleyecek sözleri çoktur.

NS: Coşar, aşka gelir yani.

CS: Kesinlikle, hiç bitmez o sözler. Ama dünyadan bahsederken kısıtlanır, söyleyecek laf bulamaz. Dolayısıyla insan hakîkaten Allah'ıyla meşgulse, karşısındakinde tecellî edenin de Allah'ın isim ve sıfatları olduğunu idrak ederse, dedikodusu veya gıybeti, hâşâ Allah'ın dedikodusunu yapmaktan veya hâşâ Allah hakkında gıybet etmekten başka bir şey değildir.

NS: Çünkü Allah der ki, ben sana kulumla geldim.

CS: Evet.

NS: Hadisde buyruluyor ki, Hak kuluna, "*Senden ekmek istedim, vermedin.*" dediğinde kul, "hâşâ Sen yemezsin ki Allah'ım" der. Cenâb-ı Hak, "Zâten ben sana kulumla geldim," der. Aynı şekilde bu bütün insanların Allah'ın bir parçası olması hasebiyle o bize kuluyla geliyor ve biz onunla alay etmiş, onun dedikodusunu yapmış, onu kıskanmış, ona haset etmiş, onun kötülüğünü istemiş oluyoruz. Şimdi Ramazan ayındayız, çok güzel ama Ramazan'da oruç tutmak sadece yemck yememek değil galiba.

CS: Kesinlikle doğru söylüyorsunuz. Yani dilin hem orucu hem zekâtı Ramazan ayının iki büyük ibâdetidir. Dilin orucu yanlış sözlerden, mâlâyâniden uzak durmak, dilin zekâtı, bilgiyi, Allah'la ilgili her şeyi insanlık âlemine anlatmaktır. Öyleyse bunları yapmadığımız zaman tutulan orucun da faydası olmaz. Gözün de orucu vardır ki, kötüyü ve çirkini görmemek demektir. İşte kötüyü ve çirkini görmezsek neyin dedikodusunu yapacağız?

NS: O zaman dedikodu ortadan kalkıyor zâten.

CS: Kesinlikle doğru söylüyorsunuz.

NS: Halbuki dedikodu hep bizim başkalarında kötü, çirkin olanı arama telaşımız, ama bunun arkasında yatan da sizin buyurduğunuz gibi kendimizin ondan üstün olduğunu anlatma derdi galiba. O da nefse giriyor, egomuz sebebiyle yapıyoruz.

CS: Ne kadar doğru söylüyorsunuz. Allah'a niyaz ettiğiniz zaman gerçekten sizi dedikodudan uzak tutuyor. Çok iyi hatırlarım, ben öğretmenlik yaptığım devirde bir arkadaşımdan çok azar işittim. Bu arkadaş da çevrede kimsenin sevmediği bir arkadaştı. Hani herkese biraz söylesem ki, arkadaşım bana şöyle davrandı; herkes dedikoduya başlayacak. Çok duâ ettiğimi hatırlıyorum, Allah'ım beni dedikodudan uzak tut, diye ve hiç olmadık bir şey oldu, yirmi sene boyunca hiç olmayan bir şey. İlk defa annem geldi ve beni okuldan alıp yemeğe götürdü. Annemle de dedikodu edilmesi mümkün değil ki, çünkü devamlı Allah'ı anlatıyor.

NS: Çok şükür!

CS: Dolayısıyla eğer Allah'a yalvarırsanız sizi hakîkaten kendi mânâ denizine sokuyor. Hazreti Mevlânâ diyor ki: "Ben Allah'a âşık olduğum an önce münâkaşayı, sonra münâzarayı, sonra konuşmayı kestim." Ne kadar güzel! Demek ki, o deryanın içine batan Allah'tan başka bir şeyle meşgul olamaz.

NS: Cemâlnur Hanım zâten *Mesnevî* 'dinle' diye başlıyor. Oysa dedikodu ve diğer kötü huylarımız hep konuşma üzerine. Yani dilini tutamama, devamlı dilinle bir şeyleri anlatma, hiç dinlememe hali. Bugün de dinlememek çok yaygın bir şey.

CS: Evet. *Mesnevî* 'okunanı dinle, neyden dinle' diye başlar, ne güzel söylediniz. 'Oku' diye başlayan Kur'ân-ı Kerîm'i 'ney gibi olan Hazreti Peygamber'den dinle' demektir. Öyleyse dedikodu dinleme, neyi dinle, insân-ı kâmili dinle, Allah sözünü dinle, onunla meşgul ol, demektedir.

NS: Evet, dinle ve güzelleş. Aşka var, eşref-i mahlûkat olarak insan olmanın daha yüce yerlerine gelmek için, böylece kendini birazcık hiç olmazsa bu yolda çaba harcamış hisset, demektir.

CS: Ne güzel söylediniz. Arınmak ve temizlenmek için başkalarıyla meşgul olan gözlerimizi kör etmeliyiz. Hazreti Ali öyle buyuruyor: "Başkasının kusurlarını görmekten gözlerimi kör ettim", diyor. Allah bize de nasip etsin.

NS: Ne güzel, Allah bize de nasip etsin de bugünlerde çağımızda çok moda detoks diye bir deyim var. Herkes detoks yaptırıyor, yiyecek, içecekte detoks. Halbuki arınmak için Ramazan ayından daha güzel bir ay yok.

CS: Kesinlikle!

NS: Bu arınmayı, dediğiniz gibi gözümüzle, burnumuzla, dilimizle, elimizle, kalbimizle yapmamız gerekiyor. Aslında bütün organlarımızın bu orucu tutması gerekiyor galiba.

CS: Ne kadar güzel söylediniz. Oruç temizleyicidir. Ne kadar güzel söyler insân-ı kâmiller: "Az ye, az uyu!" Yani burada çok önemli bir nokta daha var. Adamın biri mürşidiyle beraber gidiyormuş, yolda demiş ki, eyvah efendim, çölde kaldık, bütün yiyeceğimiz bitti, aç kaldık deyince mürşidi demiş ki, sen aç kalmazsın, korkma! Allah sevdiğini aç bırakır, sen Allah'tan ümit kestin, sen aç kalmazsın. Allah bizi boşa aç kalanlardan etmesin inşallah efendim!

NS: Âmin! Âmin! Demek ki, yani rızkından şüpheye düşmeyeceksin. Bugün biz rızkımızdan devamlı şüpheye düşüyoruz; Ah! ne yapacağım, geleceğim ne olacak, on beş gün sonraki borcu nasıl ödeyeceğim, şunu nasıl yapacağım gibi insânî dertler olarak bunlar tabii ki var, ama bundan başka bir şey düşünmemek, bahsettiğimiz elbette...

CS: Aslında çok haklısınız. Çünkü, dünle meşgul olmak ve dünden dolayı üzülmek, yarın için endişe duymak Kur'ân'ın gönlümüze girmesini engeller, diyor Allahu Azîmüşşân. Demek ki, hikmetle aramıza mesafe koyar. Öyleyse neden dünü yaratan Allah bugün için bazı hatâlar yaptırmışsa, bize çok şükür; biz o hatâları işleyip ders almışsak, adam olmuşsak, dün bize lûtuftur, yarın için niye endişeleneyim ki? Yapan, yaptıran Allah, beni annemden çok, babamdan çok seven Allah, benim üzülmemi ister mi? Demek ki, beni adam etmek için bazı sıkıntılar veriyorsa, onlara şükretmekten başka yapabileceğim hiçbir şey yok.

NS: Orada idrak etmemiz gereken sanırım bize bunları, her türlü zorluğu, eziyeti vermesi bize eziyet ve zorluk olarak görünse de aslında temizlenmemiz için, yani sonuçta bir keseye ihtiyacımız var demek ki...

CS: Ne güzel söylediniz! Elmasla kömür arasındaki tek fark, ikisinin de aynı, birebir aynı madde olmasına rağmen, birinin toprak altında çok acı çekerek elmas olması, birinin hiç acı çekmeden simsiyah kömür olmasıdır. Hatta kömüre elmas der ki, yan kardeşim de sen de faydalı ol. İnşallah!

NS: Ne güzel! Yani yanmadan bu hayatta eziyetlerden, üzüntülerden, dertlerden geçmeden bir yere varmamız mümkün değil, ama Allah aşkıyla yanalım diyoruz ve bugünü de böylece noktalıyoruz ve diyelim ki: "Dedikodu kötülüğün aynasıdır, dedikodudan vazgeçelim."

SUÇU BAŞKASINA ATMAK

NS: Mesnevî Okumaları'ndan hepinize merhabalar efendim. Yeniden sizlerle birlikteyiz. Bugünkü *Mesnevî* okumamızda konumuz, suçu hep başkalarına atma şeytan işidir, diyen meal gereğince şeytanda bulunan kendini kusursuz bulma hali. Evet, *Mesnevî* bakalım ne diyor?

"Âdem *(a.s.)*'ın *'Rabbimiz kendimize zulmettik.'* diyerek yaptığı yanlış hareketi kendi üstüne alışı; İblis'in ise "Sen beni azdırdın." diye suçu üstünden atışı."

Hak'kın yaptıklarını gör, bizim yaptıklarımızın da her ikisini de gör de, bizim de yaptığımız işler bulunduğunu bil.

Ortada halkın yaptığı işler yoksa ve insanlarda yapma gücü bulunmuyorsa ve her şeyi Hak yapıyorsa hiç kimseye "Bunu niye böyle yaptın?"deme.

Allah'ın yaratışı, takdiri bizim işlerimizi meydana getiriyor, bizim işlerimiz Hak'kın yaratışının eserleri oluyor.

Söz söyleyen kişi ya harfleri görür yahut mânâyı. Bir anda ikisini birden nasıl görebilir?

İnsan konuşurken mânâyı düşünür, mânâyı kastederse harfleri göremez. Bir göz bile bir anda hem önünü hem ardını nasıl görebilsin ki?

Şunu iyi bil ki, sen önünü gördüğün zaman arkanı görebilir misin?

Ey oğul! Allah her şeyi muhittir, her şeyi kavrar, bir işi yapması başka bir işi yapmasına engel olmaz.

Şeytan Cenâb-ı Hak'ka 'Beni sen azdırdın', dedi. Böylece o alçak kendi yaptığı işi gizledi, üstüne almadı.

Hazreti Âdem ise 'Biz nefsimize zulmettik', dedi. Fakat o Hak'kın hikmetinden ve işinden bizim gibi habersiz değildi.

O suçu işlerken kendisine güç verenin Hak olduğunu bildiği halde edebi sebebiyle suçu, hâşâ, Hak'ka yüklemedi, kendi üstüne aldı da lûtfa erişti.

Tövbe ettikten sonra Allah Hz. Âdem'e dedi ki: 'Senin işlediğin o suçu, uğradığın o minnet ve kederleri ben takdir etmedim mi?

Başına gelen o kazâ benim takdirim değil miydi? Sen ne diye özür dilediğin vakit onu gizledin?'

Hazreti Âdem dedi ki: 'Korktum, edebi bırakmadım.' Cenâbı-ı Hak da; 'İşte ben de onun için seni bağışladım', diye buyurdu.

Kim hürmet ederse hürmet görür, şeker getiren de badem helvası yer." [6]

Evet, efendim Cemâlnur Hanımcım.

CS: Ne kadar güzel! Yapanın yaptıranın Allah olduğunu bilen şeytan, buna rağmen edebi terk etti. Çünkü bunu söylemekle sanki Allah'ın büyüklüğünü, koruyuculuğunu inkâr etti. Halbuki hatâyı yapmayı kendimize atfedersek, Allah indinde zerre olduğumuzu idrak edersek, edebi takınırsak, hocam Ken'an-er Rifâî'nin buyurduğu gibi *'Ayıran Âdem'i hayvandan edeptir'* mânâsını giyinirsek, hayvânî vasıflarımızdan kurtuluruz, ama nefsimizde hep kendini öne çıkar-

6 Şefik Can, *Mesnevî Tercümesi*, Ötüken Neşriyat, İstanbul:2003, C.1-2, s.108 beyit 1480-1494
Ken'an Rifâî, *Mesnevî-i Şerif*, Kubbealtı Neşriyatı, İstanbul:2000, s.203-204 beyit 1503-1508, 1510-1517

mak, kendini affettirmek ve kendini haklı çıkarmak gibi bir meyil var. Bu haliyle nefis hem şeytan olur, hem Firavun. Firavun'da biliyorsunuz Mûsâ'yı suçlamak ve kendini daha güzel göstermek için hareket etti. Aslında Firavun *Mesnevî*'ye göre her gece sakalından kendini asıp, Allah'ına yalvarırmış: Allah'ım biliyorum ki, sen en büyüksün ve Mûsâ'da senin peygamberin ama herkes bana o kadar çok 'Sen Allah'sın' diyor ki, bu zevkten vazgeçemiyorum.

NS: Yani nefsi engel oluyor, nefsin nasıl bir şeytan olduğunu anlatıyor.

CS: Evet, görüyoruz ki, dışarıdaki şeytanı aramak abes, bizim nefsimizden daha berbat bir şeytan yoktur. Yezid'e baksanıza Allah'ın Peygamberi'nin torununu ve ailesini perişan etti. Neden? Ya ben başa geçmezsem korkusuyla ve ne söyledi biliyor musunuz? Eğer Hazreti Hüseyin'i yok etmezsem artık bundan sonra bir lokma bile içki içemeyeceğim zevkle, dedi. Nasıl bir şeydir Yezid ki, Allah'ın yasakladığını Allah'a koz olarak kullanıyor. Hâle bakın! Öyleyse biz nefsimizden geçmedikçe, insanlık makamına yükselemeyiz.

NS: Demek ki, ego sahibi, egoist, ben diyen, benci, benlik ehli olan insanın içinde ne kadar büyük bir şeytan barındırdığını idrak etmesi gerekiyor.

CS: Ne kadar doğru söylediniz. Burada da galiba tek bir ilaç var: "Lâ ilâhe illallah." İlâh yoktur, Allah vardır. İşte bunu anlayabilmek için önce ilâh ediniriz, Hazreti İbrâhim gibi. Biliyorsunuz önce yıldıza tapmış, yani biz de sevgililere taparız, ondan sonra Ay'a tapmış yıldız sönüyor diye, Ay da aslında eşimiz, çocuğumuzdur. Fakat en fecisi Güneş'e tapmış, o da kendi nefsimiz ve benliğimizdir. Hepsinin yok olmaya mahkûm olduğunu görünce "Ya Allah'ım! Lâ ilâhe!" demiş. İlâh milah yokmuş, bunların hepsi yok oluyor. Evlat da gider, eş de gider yahut eşe olan büyük aşklar biter, ancak Allah'a birlikte yürüyorsanız, hürmet başlar. Dolayısıyla her şey, aşırılık yok olmaya mahkûm, her şey batmaya mahkûm.

NS: Evet de bu aşırılıkları zâten reddetmek…

CS: Kesinlikle, o halde edebin bir başka târifi de karşındaki herkeste Allah'ın bir vasfını görerek, ona hürmetle muamele etmeyi öğrenmektir. Gerek yapanın gerek yaptıranın Allah olduğunu bildiği halde kendi aczini bilip, idrak etmektir.

NS: Yani yaratılanı Yaradan'dan dolayı sevmek.

CS: Ne kadar güzel söylediniz. Hazreti Ali sultanı anmadan da geçemeyeceğim. Mâlûm-i âlîniz kendisi tam öldürmek üzereyken kâfiri, kâfir yüzüne tükürünce kılıcı bırakıyor. Görüyorsunuz ya nefsine ağır gelen bir şey oldu mu, savaşmayı dahi bırakıyor. Çünkü artık diyor senin için, Allah için değil, nefsim için savaşmış olurum ki, kâtil olurum, diyor. İşte insan nefis için savaşmaktan vazgeçerse...

NS: Ne mutlu, Müslümanlığın güzelliği, insanı insan yapan bu cinasları ne güzel önümüze sermiş.

CS: Evet, bir de öyle güzel sultanlarla, o kadar güzel hallerle âşikâr ediyor ki, yani işte bu hâl, karşısındaki kâfirin, ya Ali beni kılıcınla değil, ama yumuşaklığınla öldürdün, beni müslüman et deyişine sebebiyet veriyor. Görüyoruz ya, kendi hiçliğimizi idrak ettiğimiz zaman, kibirsiz olduğumuz zaman karşımızdaki de bize kibir etmekten utanır. Çünkü kime kibir edecek?

NS: Günümüzde her zaman en büyük günahlardan haset, kibir, gurur, insanların içinde artık inanılmaz derecede yükselmiş durumda ve herkes başkasını suçluyor. İşte öğretmenim suçluydu, babam suçluydu, annem suçluydu, kocam, karım suçlu, hep başkaları suçlu, ama bizim hiç suçumuz yok. "Ben o kadar iyi bir insanım ki, yani hiçbir şey yapamıyorum, insanların kötülüklerinden bîzar oldum, depresyona girdim" diyor insanlar.

CS: Bu şuna benziyor. Adamın biri hocasına gitmiş, efendim herkes bana çok mükemmelsin, oldun, diyor. Siz nasıl görüyorsunuz, demiş. Oğlum benim gözlerim çok iyi görmüyor, biraz flu görüyorum, demiş. O halde kimse 'Ben haklıyım' diyemez, Allah'tan başka haklı yoktur. Adâlet ve hak yalnız Allah'a aittir. Mûsâ'yla Hızır hikâyesinden biliyoruz ki, bizim iç yüzünü görmeye çalıştığımız hiçbir şeyin hakîkatini bu gözle görmemiz mümkün değil. Öyleyse Allah'ın adâletine îman edip, gurur ve kibirden hemen vazgeçmek, insanı Allah yolunda ilerleten yegâne vasıtadır.

NS: Nasıl vazgeçsinler? Çok gurur ve kibre batmışlar.

CS: Allah aşkı!

NS: Sevgiyi öğrenecek, Allah'ı sevmeyi öğrenecek, bir insanı fedakârlıkla sevmeyi öğrenecek...

CS: Aşkı aklın yerine geçirecek. Çünkü akılla bakınca hep kendini koruma yönünde, aşkla bakınca kendini hep Hak tarafına alma yönünde.

NS: Yani egoyla akıl elbirliği yapıyor, diplomaları alıyor ama ilâhî sınavda çakıyor...

CS: Çok güzel söylediniz. Burada aklı terk etmekten bahsetmiyorum, ama akla tapmamak, Allah aşkıyla kendi mânâsı içinde yükselmekten bahsediyorum. Yani hakîkati görebilme kabiliyetini elde etmek, bunun için de Allah aşkına ihtiyacımız var.

NS: Yoksa aşk akılsız değil zâten. Onun da aklı var.

CS: Kesinlikle. Hakîki aklı kazanıyorsunuz. Maddî aklı bırakıyorsunuz, vesveseyi, yarın nasıl hareket edeceğim aklını bırakıyorsunuz, akl-ı küllü, gönlün aklını kazanıyorsunuz. İşte o zaman da güzelleşiyorsunuz.

NS: Kuruntu ve vesveseden kurtulup, ah yarın ne yapacağım, ay bunu ne yapacağım, bu mu olacak, bu mu gelecek başıma diye vesvese etmek halinden kurtuluyoruz.

CS: Ne kadar güzel. Tabii burada en büyük felâketlerden biri de Âdem-İblis kıssasında Allah sevgilisine kibir etmektir. Kendini Allah sevgilisinden üstün görmektir. Bütün peygamber hikâyeleri bunun üzerine yazılmıştır ve mesela Hazreti Sâlih'in hikayesinde; Sâlih'in devesi, Sâlih'in rûhu, mânâsıydı. Onun beslenmesini engelleyerek onu yok etmeye kalktılar. Yani biz Allah'ın mânâsına hürmetsizlik ettiğimizde kendimizi yok ediyoruz, onun farkına varmıyoruz. Mesela, en güzel örneği Diyojen'le İskender meselesidir. Bilirsiniz İskender "Kalk ey esir!" dediğinde Diyojen "Esir sensin!" der. İskender, olur mu öyle şey, buraları ben aldım dediğinde Diyojen, sen benim esir ettiğim nefsin de esirisin, der. Öyleyse kibir ve benlikten kurtulmak esâretten kurtulmak demektir efendim.

NS: Biz özgürlüğü hep başka yerlerde gezmek, canımızın istediğini yapmak zannediyoruz. Ne kadar canının istediğini yaparsa, her istediği yerine gelirse acayip özgür olacağını zannediyor bugünün insanı. Halbuki orada bir özgürlük yok, bir zindandan hatta daha da büyük bir zindana, belki bir çukurdan daha beter bir çukura gömülüyor, ama yaşı ne olursa olsun insanlar onu idrak edemediğinden, hep ben özgürüm diye koştura koştura ömrünü harcıyor.

CS: Ne güzel söylediniz. İşte Hazreti Âdem'in *'Biz nefsimize zulmettik'* demesi nefsin arzu ve isteklerini vermesi demektir. Çünkü zulüm, bir şeyi varlığından değiştirmek demektir. Nefis tekâmül için vardır. Ona eziyet ettiğiniz zaman, isteğini verince tekâmülünü engellersiniz.

NS: Bunu insanlar yanlış anlıyor ve belki de, egomuzun, bizim kendi içimizin, nefsimizin, canımızın istediğini devamlı vererek aslında ona zulmediyoruz.

CS: Çok doğru! İşte evlatlarımızın da bütün istediklerini vererek onları dünyaya hazırlamıyoruz. Çocuklar her zaman her istediklerinin yapılacağını düşündüklerinde ve evlendikleri zaman eşinden o muameleyi görmediklerinde hemen kendini haklı, eşini haksız buluyor ve bütün boşanmaların sebebi de bundan oluyor.

NS: ve şiddet…

CS: Allah korusun!

NS: Şiddetin de Allah korusun ama nedeni bu, benim dediğim olmuyor.

CS: Kendini aşağı görmekten şiddete başvurur insan. Etrafa ve kendine kusurlu olduğunu anlatmamak için şiddet yapar. Görüyorsunuz ki, bütün meseleler kendini üstün görmekten ortaya çıkıyor. Allah hiçliğimizi, yokluğumuzu bilmeyi nasip etsin ki, bizi böylece hürriyete kavuştursun.

NS: Âmin! Evet, bugünün diliyle birazcık da duâyı değiştirirsek, Allah bizi egomuzdan korusun, egomuzun büyümesinden ve fışkırmasından korusun, egoist yapacağına egomuzu yok edecek duâlara mazhar etsin diyorum, inşallah

CS: Âmin efendim! İnşallah! Hayırlısıyla.

NS. Ben bu suçu başkasına atmanın biraz dedikoduyla ve kendini beğenmeyle de çok yakından ilgisi olduğunu düşünüyorum. Onun için insanlar bunların hepsini günlük hayatta çok hain olduğundan değil, bazen farkına varmadan, yapıyor. Ben de yapayım, diyor.

CS: Çünkü bugünün madde ve materyalist dünyasında, 'kendi hakkını bileğinin hakkıyla elde et' lafını farklı anlıyoruz. Halbuki hakkı elde etmek çalışmak neticesindedir. Ter dökmedikçe, Hazreti Ali'nin söylediği gibi hak etmedikçe o hak size gelmez. Bu demek değildir; başkalarını yok etmek, başkalarına hürmetsizlik etmek. Hakkını kazanmak için mücâdele et, Allah gayretini görsün, demektir. Halbuki biz bu maddeci dünyada ezerek hak kazanmayı öğreniyoruz.

NS: Evet, Cemâlnur hanımefendi o kadar güzel söyledi ki, ezerek hak olmuyor. Hakkımızı öyle kazanamayız ve bir başkasına eziyet etmekle, bir başkasını kendimizden daha aşağıda görmekle de bir şey elde edemeyiz. O yüzden kusursuz sanıyorsak kendimizi, bizi şeytan yerine koyuyor *Mesnevî*. Unutmayalım bunu.

ALÇAKGÖNÜLLÜLÜK VE TEVÂZU

NS: Mesnevî Okumaları'ndan hepinize merhaba efendim. Evet, yeniden sizlerle birlikteyiz, bakalım *Mesnevî* bize bugünkü konumuz olan alçakgönüllülük, yani tevâzu hakkında nasıl bir hikâye anlatacak?

"Vahiy kâtibine vahyin ışığı vurunca, âyeti Peygamber Efendimiz'den önce okuması ve 'Bana da vahiy geliyor', diye sapıtması."

Hazreti Osman'dan önce bir kâtip vardı ki, vahiy olunan âyetleri dikkatle yazmaya çalışırdı. Hazreti Peygamber kendisine vahiy edilen âyetleri söyleyince o hemen kâğıda yazardı.

Vahiy nurları o kâtibe de vurunca gönlüne bazı hikmetler doğardı.

Peygamberimiz de onun gönlüne doğan hikmetleri aynen ifâde buyururdu, o zaman bu kişi, bu yüzden ne oldum delisi oldu da yoldan çıktı.

'Allah nûruyla nurlanan Peygamber ne söylüyorsa o hakîkat benim gönlüme de doğuyor', demeye başladı.

Onun bu düşüncesinin ışığı Resûlullah Efendimiz'e aksetti, Allah'ın kahrı da o kâtibin canına geldi çattı.

Hem kâtiplikten çıktı, hem dinden. Kin güderek Resûlullah Efendimiz'in ve İslâm dininin düşmanı oldu.

Hazreti Mustafa *(s.a.s.)* Peygamber Efendimiz 'Ey inatçı kâtip, mademki, nur sendendi, neden şimdi nursuz kaldın da kapkara kesildin?'

'Eğer ilâhî bir nur kaynağı olmuş olsaydın, senden böyle kapkara su fışkırır mıydı?' diye buyurdu.

Şunun bunun yanında adı kötüye çıkmasın diye kâtip ağzını açıp bir şey söylemedi.

Bu nedenle için için yanıp yakılıyor, fakat tuhaflık şu ki, gururundan tövbe edemiyordu.

Ah ediyordu, fakat bu faydasız bir ah idi, zîra kılıç gelmiş, başı uçurmuştu.

Hikmetin gönlüne aksedişi o kötü huylu kâfiri yoldan çıkardı. Sen de kendini görme, kendinde bir şeyler bulma da, bu görüşün seni doğru yoldan saptırmasın. diyor Hazreti Mevlânâ Celâleddîn-i Rûmî.[7]

CS: Ne kadar mühim bir hikâyedir bu. Çünkü en ufak bir şeyde, onu yapanın yaptıranın Allah olduğunu unutarak, kendimizden yaptığımızı zannederek, gurur ve kibre kapılıyoruz. Vahiy kâtibi de âyetin mânâsı kendisine inince Peygamber'e kafa tutmaya başlıyor, bana da iniyor âyet diye. Halbuki nûrun karşısındaki Peygamber'den geldiğini idrak edemiyor. Ne güzeldir, bir kuş bile bu konuda bizden daha akıllıdır. "Kuş, Peygamber Efendimiz'in ayakkabısını çalmış, kaçırmış, mübârek Sultan abdestlerini almışlar ve kuşa hâl diliyle, getir ayakkabımı, demişler. Kuş, hayır demiş, Peygamber biraz daha ricâyı arttırmış, kuş ayakkabıyı ters çevirmiş, içinden kocaman bir yılan düşmüş. Peygamber bütün tevâzuuyla oturmuş, mübârek ellerini kaldırmış ve demiş ki, Allah'ım kurduna, kuşuna gösterdiğin hakîkatini bile bana göstermiyorsun, ben o kadar âciz bir kulum deyince kuş demiş ki, pışık! o hakîkat senin nûrundan bana aksetti, sen olmasan ben hangi hakîkatten haberdar olurum?" Görüyoruz ki, burada kuş, vahiy kâtibinden daha akıllı.

7 Şefik Can, *Mesnevî Tercümesi*, Ötüken Neşriyat, İstanbul:2003, C.1-2, s. 206-207 beyit 3228-3239, 3254
Ken'an Rifâî, *Mesnevî-i Şerif*, Kubbealtı Neşriyatı, İstanbul:2000, s. 471-473 beyit 3268-3279,3294

Peygamber Efendimiz'in Mekke'yi fethinden, tekrar kazanışından sonra ne kadar kibirle o şehre girebilme hakkı varken, iki büklüm vaziyette devesinin üstünde Kâbe'yi tavaf ettiğini görüyoruz. Her atılan adımda yapan yaptıran sensin, kendimden bildirme ya Rabbi, diye dönmüş Kâbe'yi. Bu kadara kadar tevâzu ehli bir dinin evlatlarıyız biz. Ahmed er-Rifâî Hazretleri had safhada tevâzu sahibiymiş, hatta kendisine kamçı vuran adamın elini öpmüş, demişler ki, yapmayın, koskoca bir Pîr'siniz, Peygamber torunusunuz, bu kadar da yapmayın deyince, ne var oğlum! Onun vazifesi dövmek, benimki öpmek, ikimiz de vazifelerimizi yaptık, demiş. Hazreti Mevlânâ'nın haçlı devrinde otuzbir kere bir rahibin önünde eğildiğini biliyoruz. Niye yapıyorsun dediklerinde, Peygamberim'den aşağı mı kalayım, diye buyurmuş.

NS: Alçakgönüllülüğü ona kaptıracak değildik, diye buyurmuşlar.

CS: Değil mi? Sultanın hâline bakın. O halde tevâzu insanı insan kılan en büyük özelliklerden biridir. Bakın adamın bir tanesi, biraz saçı yokmuş, berberde sakalını kestirecek, o sırada kibirli bir zat gelmiş, kalk kabak diye kafasına vurmuş, onu oradan uzaklaştırmış, kendi traş olmuş, sonra atına bindiğinde, at tökezlemiş düşmüş, ölmüş. Bunu üzerine berber ârif olan zâta demiş ki, size kabak dedi, ama, siz bilirim ki, kibir etmezsiniz, bedduâ da etmezsiniz, niye öldü böyle, şaştım deyince; çünkü kabağın sahibine dokundu, buyurmuşlar. Demek ki, tevâzu edeni direk Allah devralıyor. O zaman karşısındakinin hatâsına cezâ vermeyi Allah devralıyor. Allah bizden çok daha iyi görür ve ona göre değerlendirir.

NS: O her şeyi bilen ve gören olduğu için O'na teslim olmak budur yani tevâzu da, alçakgönüllülük de.

CS: Kesinlikle. Zâten kendimizde neyi üstün göreceğiz ki? Daha önce de konuştuk, bir saniye sonrasını programlama hakkına sahip değiliz. Hiçbir kul ne zaman öleceğini bilmiyor. Bugün milyonlarca zengin görüyoruz ki, yeme içme zevkini bile yaşayamıyorlar hastalıkları yüzünden, satın alma imkânları varken. Demek ki, Allah'ın verdiğinin dışında bir şey yapma gücümüz yok, kudretimiz yok, hiç kimsenin yok. Peygamber'in şeytana dönüp *"Ne sende dalâletten bir kudret, ne bende hidâyetten bir kudret var. İkimiz de Allah'ın emrinin altından başka yerde değiliz."* deyişinden edebe gelmek lâzım. O halde tevâzu insan hayatında en mühim özelliklerden biridir.

NS: Yani burnu büyük olmak, hep ben, ben demek, kendi nefsinin esiri olup, herkesi küçük görüp, benim oyum da var buyum da var, her şeyim var deyip de alçakgönüllü olanı hatta birazcık küçümser şekilde davranmak... Hatta gençlerin arasında şöyle bir söz var: "Gerçek zannederler, sakın mütevâzi davranma" ,diye yani tevâzuu, alçakgönüllülüğü aptallık gibi düşünüldüğünü anlatmaya çalışıyorlar kendi aralarında.

CS: Bir taraftan böyle, ama ben öğretmenliğe başladığım sene bir anket yapmıştım, en sevilen öğretmen nasıl olmalıdır, diye. Herkesten aldığım ortak cevap, 'mütevâzı'idi. Demek ki, insanlar sevebilmek için yanaşacakları insanı arıyorlar, tevâzu sahibi insan arıyorlar. Kendinde büyüklük görmeyen, kibir etmeyen insan arıyorlar. İşte o zaman da bu insanın en küçük yaratılmışta dahi kendinden üstün bir taraf olduğunu idrak edebilmesi lâzım. Geçenlerde altı yaşında bir çocuk bana şu soruyu sordu: Allahu ekber diyoruz. Allah neden büyük, dedi bana. Ben de şaşırdım kaldım. Dedi ki, başkası yok ki, Allah ona göre daha büyük olsun. Altı yaşında bir çocuğun idrakine bakın. O halde neye karşı kibirlenip, böbürleneceğiz? Hazreti Şiblî'nin muazzam bir hikâyesi vardır: Ömrümce üç şeyden ders aldım diyor. Biri bir kadın, diyor. Karşıma geldi, saçı başı darmadağın, eşi başka hanımla kaçmış, bana eşimi bul diye yalvarıyor. Hz. Şiblî, "Hanım önce bir edebe gel, saçını başını topla, kıyafetini düzelt, öyle gel" deyince; "Ya Şiblî! Ben bir adamın aşkıyla bu haldeyim, sana Allah sevgilisi diyorlar, nasıl saçımı başımı gördün," diyor. Bundan ders aldım, diyor, İkincisi bir çocuk. Bir mum yaktım, nereden geldi bu ışık, dedim. Püf! dedi söndürdü mumu ve "Nereye gittiyse, oradan geldi amca," dedi. Anladım ki, benden daha üstündü o. Üçüncüsü bir sarhoş, diyor. Yapma oğlum! Bak hem günah, hem mahvolacaksın yerlerde, batacak üstün başın deyince, "Boş versene ya Şiblî, demiş. Beni bir kova su temizler, ama sen kusur gördün, seni hiçbir şey temizleyemez." Görüyor musunuz, insan sarhoş deyip geçmesin, çocuk deyip geçmesin, her şeyi herkesten öğrenebilir. O halde kendi aczini bilen insan talebe olur.

NS: Yani kimseyi küçük görmeyelim. Küçük görmeyi çok sıradan bir şey gibi görüyoruz. O küçük görmenin aslında kendi içimizdeki, kendimizi küçük görmeyle de ilgisi var sanırım.

CS: Kesinlikle. Aslında aşağılık duygusundan gelen bir haldir. Çünkü aşağılık duygusundan başkalarını ezerek üstünlük sağlamak ihtiyacı doğar; halbuki kendine güvenen, kendindeki Allah'a güvenen insan asla başkasını küçük görmek ihtiyacı duymaz. Hocam Ken'an er- Rifâî buyuruyorlar ki, birisi benimle alay ediyordu ve çok zevk alıyordu. O kadar zevk alıyordu ki, her zevk insanı Allah'a götürür diye alay etmesine izin verdim, diyor. Ne kadar rahat, huzurlu, özgüvenli, emin, kendinden ve Allah'ından emin.

NS: Bu îmanımızla ilgili, eğer îmanımız bizim tamamsa, îmanımız Allah'a tam teslimiyeti gerçekleştirdiyse ki, Ramazan da teslimiyet ayıdır, her şeyimizle teslim olmamızı gerektirir. O teslimiyetin getirdiği bir sonuç, onu öyle öğreniyoruz herhalde. Ama teslim olmadıkça hiçbir şeye teslim olmam, sadece her şeyi şeklen yapıyor görünürüm dediğimizde, sanıyorum bir türlü o alçakgönüllülüğü, o tevâzuu yakalayamıyoruz.

CS: Ne kadar güzel söylediniz. Eğer Allah'ın büyüklüğünü, kendi aczimizi de inanır ve bilirsek o zaman Allah'a teslim olmaktan başka bir kurtuluşumuz olmadığını biliyoruz. Hani ne derler, bozuk bir saat bile günde iki kere doğru zamanı gösterir. İnsan ölümde ve doğumda Allah'a teslimdir, bunu bile idrak etmesi ona yeter. Dolayısıyla kime kibir edecek? Herkeste O'nun bir ismi var. Kime kötü gözle bakacağız ve kibir edeceğiz? Bu idraki Allah bize nasip etsin.

NS: Âmin, inşallah! O yüzden aslında yaratılanda da hep Yaradan'ı gördüğümüz zaman aslında birçok hastalığımızdan, perdemizden, gönlümüzü karartan o balçıklı sudan kurtulma şansımız var.

CS: Tabii, tevâzu tevekkülü getiriyor. Tevekkül rızâya dönüşüyor, yani insan eğer tevâzu ehliyse Allah'tan râzı olma seviyesine ulaşır. Çünkü yapanın, yaptıranın O olduğunu idrak eder ve herkesten gelenin acı olmadığını, sıkıntı olmadığını, Allah'ın terbiye için birilerini kullandığını idrak eder. Terbiye edildiği için şükredip, oturur efendim.

NS: Çünkü sevgili Allah'ımızın doksandokuz ismi var, ama buna ilaveten dokuzyüzdoksan dokuz ismi var.

CS: Doğru.

NS: Bütün isimler O'nundur. Demek ki, O'nun tecellî etmediği zâten hiçbir şey yok.

CS: Haklısınız. Aslına bakarsanız bu renklere benziyor. Renkler renksizlikten zuhur eder, Allah'ın zâtı renksizdir ve sonsuzdur, ama dünyaya gelince yedi renge ayrışır, yedi renk de sonsuz tona ayrışır. Yedi renk, doksandokuz isim gibidir. Sonsuz ton da sonsuz isim gibidir. O'nun her yerden gözüktüğünü görünce, her şeyde O'ndan memnun olmaktan başka bir şans tanımıyor bize diye düşünüyorum, efendim.

NS: Evet, belki bu memnun olmak meselesi diye bugün insanlar bulduklarına pişman olabiliyorlar. İşte sen annemsin, babamsın beni niye doğurdun? Bu kötü dünyaya niye bir çocuk doğurdun? Dünya çok kötü, işte o yüzden doğurmak istemiyorum veya annem, babamsın, mecbursun, her şeyi yapacaksın gibi o doğumu aslında kötüleyen bir bakış açısıyla. Oysa hayata gelmek, can bulmak, o canın size verdiği büyük nimetleri görememek, bugünümüzün de yine ciddi hastalıklarından biri.

CS: Efendim, dünyaya gelmek, Allah'ı tanımak, âşık olmak ve mutluluğu yakalamak için yegâne fırsattır. Bunları yakalamadan ölürsek, güneşin buradan batması gibi öbür taraftan doğacağımız için mutluluk ve huzur öbür âlemde de olmayacak. Onun için dünya, *"Cennet anaların ayakları altındadır"*, hadîsinin en güzel yorumu, doğurucu olması hasebiyle dünyanın ayakları altındadır. Bu dünya cenneti bulmak için yegâne fırsattır.

NS: En güzel yer. Evet, efendim bugünkü sohbetin sonuna geldik ve Mesnevî bize öğretti ki, Allah'a yakın olmak ancak alçakgönüllülükle, tevâzu ile mümkündür. Allah bizi, hepimizi tevâzu sahibi yapsın!

KANAATKÂRLIK

NS: Mesnevî Okumaları'ndan hepinize merhaba efendim. Yeniden sizlerle birlikteyiz. *Mesnevî* bugün bize hangi hikâyeleri veriyor acaba, hangi hikâyeden başlayacağız? Kanaatkârlık. Evet, bugün konumuz 'kanaatkârlık'. Kanaatkâr bir bedevîyle karısının hikâyesi var, çok uzun bir hikâye, biz ondan bir bölüm okuyacağız.

"Akıl ile nefsin savaşını anlatan, simgeleyen bir bedevî ile karısının hikayesi."

Bir gece bir bedevînin karısı kocasına uzun uzadıya söylendikten sonra dedi ki:

"Bu kadar yoksulluğu, cefâyı biz çekiyoruz; herkes hoş, rahat bir hayat yaşamakta, hoş olmayan ancak biziz."

"Ekmeğimiz yok, katığımız dert ve haset, testimiz yok suyumuz ise gözyaşı."

Gündüzleri elbise yerine güneş ışığının sıcaklığını giyiyoruz, geceleyin döşeğimiz, yorganımız ay ışığı.

Ay değirmisini yuvarlak pide sanıyor, onu kapmak için elimizi gökyüzüne uzatıyoruz.

Bizim yoksulluğumuzdan yoksullar bile utanıyor. Günlük rızkımızın endişesinden, aç kalma korkusundan gündüzlerimiz gece olmuştur.

Bir komşudan bir avuç mercimek isteyecek olsam, bana "Sus, babalar çıkarasıca, geberesice" diyor.

Kanaat sahibi bedevî ihlâsla yüreği yana yana sabaha kadar karısına bu çeşit sözler söyledi, durdu.

Sen bu kanaatten ne elde ettin, ne kazandın? Onunla ne vakit rûhunu aydınlattın? Sen kanaatın ancak adını öğrenmişsin?

Resûlullah Efendimiz "Kanaat bitmez tükenmez bir hazinedir", diye buyurmuştur. Ama sen bu hazineyi mihnet ve elemden ayırt edemiyorsun.

Bu kanaat devamlı bir hazineden başka bir şey değildir. O sürekli gam ve dâimî sıkıntı, sen ondan bahsetme.

Sen bana eşim deme; beni az koltukla; ben insafın eşiyim, hilenin değil.

Sen açlıktan havadaki çekirgenin damarını vurmaya çalışırken, nasıl olur da paşalarla, beylerle adım atmaya kalkışırsın? [8]

Evet, işte bu aralarındaki kavga ve atışma diyelim böyle sürüp gidiyor Cemâlnur hanımcım ve buradan anlamamız gereken kanaatkâr olmak. Kanaatkârlık; çalışmayalım, hiçbir iş yapmayalım hayatta, oturduğumuz, bize verilen babamızdan kalan mıdır? Yoksa elde ettiğimiz midir? Olduğu kadarla kanaat edelim, anlamına mı geliyor, yoksa başka bir anlamı mı var?

CS: Hayır, asla böyle bir anlama gelmiyor, hatta bilakis gayret Allah'ın en sevdiği şeydir. Kanaat gayret sonucunda başımıza gelenden memnun olmak demektir. Mesela sonsuz bir gayret gösteririz, ama gene de olaylar istediğimiz gibi yürümez. Çünkü Allah çok şükür ki, bizi bize bırakmıyor. Bizim istediğimizin doğru olduğunu yalnız bizim cüzî aklımız bilir. Bunun dışında aslında Allah'ın verdiği bizim için en hayırlı olandır. Her işin içinde çok gizli hikmetler var-

---

8 Şefik Can, *Mesnevî Tercümesi*, Ötüken Neşriyat, İstanbul:2003, C.1-2, s. 156, 159 beyit 2252-2258, 2313, 2320-2324
Ken'an Rifâî, *Mesnevî-i Şerif*, Kubbealtı Neşriyatı, İstanbul:2000, s. 326, 333, 335 beyit 2289-2294,2296, 2351, 2357-2361

dır. Evet, hastalık gelirse bunu engellemek mümkün değil, ama hastalığa şükredebilmek kanaattir. Hatta hocamla annem arasında çok hoş bir hikâye geçer: Annem der ki hocasına, "Efendiciğim, çok öksürüyorsunuz, biz de dersleri dinleyemiyoruz. Allah'a nazınız geçer, bir duâ buyursanız da belki öksürüğünüz azalır." Onun üzerine hocamın cevabı muazzam, "Biz Allah'tan gelen misafirden şikâyetçi mi olalım sevgili kızım", der. Görüyorsunuz ki, hocam hastalığa kanaat ederek Allah'ından memnun olma yolunu arıyor. Ben bu minvalde çok çok örnek verebilirim: Benim cüce bir yeğenim vardı. Kendisi dünyanın en îmanlı, en kanaatkâr insanlarından biriydi. Etrafta insanlar cüce, cüce diye alay ediyorlardı. O bunlardan hiçbir zaman üzülmedi, birebir yanında yaşadığım için biliyorum. Benim çok sevgilimdi, hep huzurlu, hep mutluydu. Hatta bir sanatçı arkadaşımız, bir konser vererek boyunu uzatmayı teklif ettiğinde küçücük ellerini çırparak, ona söyle bu zevki nasıl satarım, dediğini hatırlıyorum. Demek ki, halinden memnun olmak kanaattir. Başına gelen sıkıntı ve belâyı engelleyemiyorsa, onu sıkıntı ve belâ olarak görmemek kanaattir. Kendisi bütün gücüyle gayret ettiği halde, sonuçta istediği yere gelemediği zaman ıztırap çekmemek kanaattir. Her şeye şükredebilmek kabiliyeti ne kadar güzel bir şeydir. Çünkü şükür Allah'la irtibattır ve dirilmek demektir.

NS: Şükrü unutmuş durumda günümüzde insanlar. Şükür etmek yerine daha fazla, daha fazla, ne olabilir daha fazla diyor. Hatta burada, bedevînin hikâyesinde olduğu gibi, yani kazanamayan eşine, kendi istediği kadar çok almasına yetmeyecek kazancı olmayan eşine baskı yapan hanım da var. Ne yapayım yetmiyor ki çal, çırp, ne var herkes aynı şeyi yapıyor, çalıp, çırpıyor diye akıl verebilen de var.

CS: Maalesef. Dînî kitaplarda dişilik nefsle anlatılır, erkeklikse cüzî akılla anlatılır. İkisi de tek başına beş para etmez. Mâlûm-i âlîniz nefs baştan aşağı ego ve hırstır. Cüzî akıl ise kendi aklı ile hiçbir şeyi beceremediği için Ebû Cehil makamını temsil eder. Halbuki nefs tekâmül edip kadınlık seviyesine, dişilikten kadınlık seviyesine ulaşırsa, akıl da akl-ı cüzîden akl-ı külle erişirse, bu birlik ve beraberlik bütün vücut içinde huzur ve mutluluğa sebebiyet verir.

NS: Yani birlemeyi başarabilirse.

CS: Kesinlikle, yani insan nefsi ile insan aklı birleşerek ruh önünde secde edebilirse, o zaman içimizdeki bütün kavgalar biter. Nefs hiçbir şeyden memnun olmaz ve hep fazlasını ister; aklı ise bu fazlayı oluşturmak için çareler arar, işte bunun için çeşitli hilelere başvurur. Dolayısıyla insanın tekâmül etmesinde bu iki zarar verici mahlûkun faydalı hale dönmesi şart.

NS: Evet, biz bunun üzerine düşüneceğiz. Yani, biz bunları nasıl faydalı hale getiririz ve bunun yollarını çocuklarımıza nasıl öğretiriz, gençlerimize nasıl öğretiriz?

CS: Burada Allah'ı tanımamak en büyük rolü oynuyor. Yapanın, yaptıranın, en büyük gücün Allah'a ait olduğunu bilmemek. İkincisi; Allah diyor ki, ben seni o kadar çok seviyorum ki, annenin sevgisi benim sevgimin yanında denizde köpük gibidir. Bizi bu kadar seven Allah bize ne verdiyse bizim için hayırlıdır, öyle değil mi?

NS: Elbette, bize can vermiş çünkü.

CS: Mesnevî'de çok hoş bir hikâye vardır: "Nohut kaynar suyun içine atılarak pişer ve hatta acıdan sıçrar. Aşçıbaşı olan mürşidi-i kâmil de onun kafasına kepçeyle vurup iyice pişsin, diye tekrar tencerenin içine atar..."

NS: Oynama, piş bakayım diye...

CS: Evet, hatta ara sıra biraz gaflet suları boşaltır ki, vaktinde ve güzel pişsin diye, ama sonuçta ne olur?

Nohut yiyecek haline geçer, insanla birlikte insana hizmet eder, insan olma mevkiine yükselir. Öyleyse biz de, biraz acılar içinde pişmeyi güzel görüp kanaat edebilirsek, sonunda insanlık makamına yükselme seviyesine ulaşırız. Onun için memnun olmak, şükretmek lâzım. Hatta şükür de derece derecedir. Dilin şükrü devamlı şükretmektir, mâneviyatta dilin şükrü, şükrü verenden bahsetmektir, nimeti verenin Allah olduğunu idrak etmektir. Kalbin şükrü, Allah'tan başkasından zevk almamak, sevmemektir. Sırrın şükrü, 'başkası' diye bir şey kalmamasıdır.

NS: Sırra ermektir yani...

CS: Kesinlikle. O halde hep Allah'la meşgul olması, insanı halinden memnun olma seviyesine ulaştırır ki...

NS: Yani kanaatkârlık da burada bize lâzım zâten.

CS: Kesinlikle, bundan daha güzeli olamaz. Ayrıca da hani bendeniz bir evlat kaybettim, o sırada da anacığım 'Haydi, secde edelim!' dediler bana hiç unutmuyorum. Annemin bu secdesi, bana secde etmeyi öğretişi, kanaat demek. Yani evlat kaybetmenin dahi bir lûtuf olduğunu öğretti bana. Çünkü Hazreti Fâtıma'nın mânâsını idrak edebiliyorsunuz. Hâşâ, kim oluyoruz, zerresi olmazken o aşkı içinizde tadıyorsunuz. Çok büyük bir acı var içinizde, fakat aynı zamanda Allah'ın bu acıyı size nasip etmesiyle size ne kadar değer verdiğini, 'Ancak bu kulum tahammül edebilir, çünkü bana çok yakın!' diye hitap ettiğini duyuyorsunuz.

NS: Acıya kanaat ediyorsunuz.

CS: İşte acıya kanaat etmek, verilene sabretmek, dolayısıyla bütün bunlar insanı Allah'a yaklaştıran en güzel şeylerdir. Bir kere irtibat Allah'la kuruldu mu, huzur ve mutluluk bitmez, dâimî cennet olur.

NS: O zaman zâten o dâimî cennet içinde hep bir çaba, bir gayret, bir istek doğuyor insanda.

CS: Kesinlikle.

NS: Ama o irtibat kurulmazsa onu kurmak çok zor oluyor.

CS: Çok doğru.

NS: Bütün gayret onu kurmaya çalışmak, insanlara kurması için de belki yardım eden mürşitlerden, iyi insanların lûtfundan yararlanmaya çalışmak lâzım.

CS: Zîra kanaatin sonucu rızâdır ki, rızâ makamı bir insanın gelebileceği en güzel yerlerden biridir. Rızâ, işte benim teyzemin kızı gibi cücelikten dahi memnun olmak, bu zevki satmamaktır. Onbir evlâdını

Konya'da Zümrüt apartmanı çöktüğü zaman kaybeden sevgili Mehmet amcamın 'O müteahhit cennette mutlaka olacaktır. Çünkü benim ona onbir evlâdımı şehit etmesinden dolayı ettiğim duâ onu cennete götürecektir', diye halinden memnun olma seviyesine yükselmesi, işte kanaatin had safhasıdır.

NS: Evet, bu kanaati gerçekten, bugün insanların anlaması zor oluyor. Halbuki bizim günlük hayatımız içindeki ufak şeylere şükrederek, kanaat ederek daha büyük acılara da böylece hazırlıklı olmamız lâzım. Elbette insan olarak acı çekeceğiz, acı çekmek, nohut gibi kaynamaktan başka çare yok, ama o acıyı hiç olmazsa güzel bir şeye, Allah sevgisinde birleştirip, birleyerek tabii güzelliğe dönüştürmek de mümkün.

CS: Ne kadar güzel söylediniz. Biz evlâdımızda bir kusur gördük mü, o kusur yok olana kadar o konuda evlâdımızı terbiye ederiz, Allah da bizde bir kusur gördü mü, o yok olana kadar bize çeşitli acı ve ıstıraplar verir. Eğer biz bunların kendi terbiyemiz ve sonsuz huzura kavuşmamız için bir fırsat olduğunu idrak eder, kanaat edersek sonuç hârikulâde oluyor. Hârikulâde!

NS: Ama devamlı isyan edersek, neden bu yaşta hastalandım, neden işte çocuğumu kaybettim, neden o oldu, neden bu oldu, devamlı neden diyerek başımıza gelen küçük, büyük her şeyi mesele eder ve bundan dolayı isyan içinde olursak…

CS: O zaman kimi mutsuz ediyoruz? Yalnız kendimizi ve hastalıkları dâvet ediyoruz. Çünkü mutsuzluk, huzursuzluk, hastalıkları dâvet eder, başka bir şey değildir. Ama o hâli bile memnuniyetle karşılayabilmek ne büyük lûtuftur. Allah insana her şeyden memnun olma zevkini nasip etsin, inşallah diyorum.

NS: Bu memnuniyet inşallah efendim şükür getiriyor. Daha dün çok genç bir arkadaşım söyledi, romatizmalı artrit olmuş. Doktorların söylediğine göre, meğerse bu hastalığa sebep, kendi nefsinde ve zihnindeki her şeyde kusur bulması, devamlı daha mükemmel olabileceğini düşünmesi, herkese baktığında öncelikle onların kusurunu görür halde olmasıymış.

CS: Ay ne kadar güzel! Zâten bugünkü tıp ilmi her hastalığın kendi meşrebimizden doğduğunu anlatan bir yönteme gitti. Mesela bağırsak problemlerinin çoğu verememekten ileri geliyormuş. Dolayısıyla burada görüyoruz ki, huylarımızı tekâmül ettirme fırsatını yakalamak için Allah bize ıztırap ve sıkıntı verir.

NS: O zaman Allah'ımıza şükretmek için bu fırsatları değerlendirelim ve diyelim ki; "Kanaatkârın hazinesi tükenmez, açgözlülüğe de hazine dayanmaz."

KİBİR

NS: Mesnevî Okumaları'ndan merhaba efendim. Bugün *Mesnevî* hikâyelerinden bakalım hangisine merhaba diyeceğiz? Evet, bugün konumuz 'kibir'. Kibirli olan kimdir? Kibirli şeytandır, derler.

"Benliğe kapılıp Hazreti Âdem'e secde etmediği için şeytan, Allah'ın huzurundan kovuldu. Cenâb-ı Hak'kın ona 'Defol git, insanlardan sana uyanları haram yollara düşür. Atlı ve yaya yardımcılarınla onları şaşırt, ama benim gerçek kullarını kandırmaya gücün yetmez.' diye buyurması."

Ey Hak aşığı, sen din yolunda, insanlık yolunda ilerlemek isteyince şeytan içinden seslenir. Sana, "Ey yolunu şaşırmış kişi", der. "Düşün aklını başına al da dünya nimetlerinden kendini mahrum etme, o çok zahmetli ve sıkıntılı ibâdet yollarına düşme, hayatını kendine zehir etme. Din yolunda ilerlersen hastalıklara, fakirliğe esir olursun.

Dostlarından ayrı düşer, hor ve hakir hâle gelirsin. Sonunda din yolunda yürüdüğün için pişman olursun."

Ey derviş! Sen de o melun şeytanın sesinden korkar, tam inancı, gerçek îmanı bırakır, sapıklık yoluna düşersin.

"Daha gencim, yarını var, öbür günü var", diye düşünürsün; "Önümüzde daha zaman var, o zaman içinde elbette din yolunu tutarım."

Sen bu feryatları duyunca, can korkusuna kapılır da tekrar din yoluna düşersin, dine sarılırsın, bir zaman kendini Allah adamı yaparsın.

"Bir daha ayağımı din yolundan, insanlık yolundan çekmeyeyim" diye velîlerin eserlerinden yararlanırsın, bilgiden, hikmetten, mânevî silahlar kuşanırsın.

Şeytan sana tekrar hile ile seslenir de der ki: "Yokluk, yoksulluk kılıcından kork, bu yoldan geri dön!"

Şeytanların bağırışlarının heybeti, halkın ayağını bağlamış, boğazını sıkmıştır.

Melun şeytanın sesinin korkusu, heybeti bu kadar tesirli olursa, ilâhî sesin heybeti nasıl olur? Doğan kuşunun sesinden soylu keklik korkar, sineğe o korkudan pay yoktur.

Çünkü doğan kuşu senin olamaz, sürekli ve ancak örümcekleri avlar.

Şeytan örümceği de senin gibi bir sineği avlar, çünkü o sineğe göre korkunç ve heybetlidir; kekliğe, kartala göre değil.[9]

Evet, Cemâlnur hanımefendi, kibir Allah'ın şeytana lâyık gördüğü ve şeytanın ağzından seslendirdiği bir hikâye *Mesnevî*'de önümüze çıkıyor.

CS: Evet, nedense kibir dâima şeytanla birleştiriliyor. Görülüyor ki, yüzlerce sene meleklere öğretmenlik ettiği halde bir kâmil insan olan Âdem'e secde etmemekle makamından düşen insana sesleniyor Allah, kibir etmekle. Hatta düşünün, Hazreti Ömer'le şeytan arasında da bu tür bir hikâye vardır. Şeytanı bile küçük gördüğümüz zaman felâket olduğunu anlatır. "Hazreti Ömer şeytanı görür, yakalar, der ki, ey şeytan seni yakaladım, şimdi hemen herkese maskara edeceğim. Onun üzerine şeytan der ki, utanmıyor musun? Ben yüzlerce sene meleklere öğretmenlik ettim de bir insân-ı kâmile secde etmedim, diye ma-

9 Şefik Can, *Mesnevî Tercümesi*, Ötüken Neşriyat, İstanbul:2003, C. 3-4, s. 346 beyit 4326-4334, 4337, 4339-4342)

kamımdan düştüm. Sen şurada iki gün önceye kadar kız çocuğunu gömen bir putperestten başka bir şey değildin. Neyine güveniyorsun?" İşte, o zaman Hazreti Ömer yerlere kapanır ve affet beni Allah'ım, diye yalvarır. Öyleyse neyimize güveneceğiz? Kusur bizde, suç bizde. Neyimize güvenip Allah sevgililerine hürmet etmekten el çekiyoruz? Kibrin en fecisi Allah'ın sevgilisine hürmetsizliktir. Bütün peygamber hikâyeleri, peygamberlere hürmetsizlik edenlerin başına gelen hâdiseleri anlatır. Şeytanın vazgeçmeden Âdem'e secde etmeyişi, kendini üstün görüşü, soyunun sopunun yüzünden, kendisinin ateş olduğunu, Âdem'in toprak olduğunu izhar edişi ne kadar yanlıştır. Hatta ne güzel hikâyedir ki, Hazreti Mûsâ'ya yalvararak Allah beni lânetledi, diye yalvarır şeytan. Mûsâ der ki, ben Allah'a sorayım, belki seni affeder. Gider Allah'a, ne olur Allah'ım şeytanı affet, artık çok özür diliyor, deyince Hazreti Allah, Âdem'in mezarına secde etsin, onu affedeyim, der. Hz. Mûsâ, bunu şeytana söylediğinde şeytan güler, dirisine secde etmedim, der; ölüsüne hiç secde eder miyim? İşte kibir insanı bu kadar mahveder.

NS: Yani kibirden vazgeçmek zor. Kibirli olan insan ne kadar vazgeçeyim dese, ki zâten kibirden dolayı bunu demiyor, ama kibir gururla karışıyor ve inatla iyice böyle hemhal oluyor. Kibir, gurur ve inat birbirini hiç bırakmayan arkadaşlar haline geliyor.

CS: Kesinlikle, cehennemin kapılarından bir tanesidir kibir. Yani insan kendi içindeki cehennemini kibir ederek ortaya çıkarır, çünkü cennet ve cehennem bir açıdan da öbür âlemde olduğu kadar dünyanın ayakları altındadır. Bu âlemde kibir ettiğimiz zaman mutluluk yüzü olamaz, haset duyduğumuz zaman mutluluk yüzü olamaz. Kin, kibir, nefret ve başkalarına iyi davranmaktan uzak olduğumuz zaman, başkalarının elindekileri kıskandığımız zaman bizim mutlu olma ihtimalimiz kalkar. Öyleyse insanlar cehennemlerini kendileri yaratır.

NS: Yani cennet ve cehennem de aslında bugünün deyimiyle söylersek simülasyon olarak dünyanın kendisidir. Yani biz bu dünyada iyiysek, cenneti yaşar ve yaşatırız. Kötüysek, kibirliysek, huysuzsak, işte kıskançsak, dedikoducuysak, hainsek cehennemi de burada yaşarız ve yaşatırız.

CS: Çok doğru. Aslına bakarsanız kibirden bahsedince birçok arkadaşımın, ama ben hiç kibirli değilim ki, deyişi aklıma geliyor. Aslında alınmak, darılmak bile kibrin neticesidir.

NS: O zaman Türkler'in tamamı kibirli. Çünkü nasıl alınganlar, nasıl alınganlar, her şeyden, vay bana ördek dedin, diye derhal alınıyor insanlar. Alınganlığın kibir olduğunu burada açıkça belirtelim.

CS: Kesinlikle; çünkü alınmak, darılmak yapanın, yaptıranın Allah olduğunu unutup kendini her şeyden üstün görmekten oluşan bir şeydir. Orada çok mütevâzı görünür, ama 'Bu bana lâyık mıydı?' dediği anda tevâzu ondan kalkar gider. Hatta Hârut'la Mârut hikâyesi ne kadar güzel bir örnektir. Melek oldukları halde kendilerine fazlasıyla güvenen ve bu yüzden Allah'ın dünyaya gönderdiği bu iki melek dünyaya gelir gelmez şarap içip Zühre adlı kadına âşık olurlar. Allah'ın bu iki meleği dahi adam ettiği için Zühre'yi gökyüzüne yıldız yapıp, (Zühre yıldızı); Hârut'la Mârut'u da ömür boyu ters dönerek dünyada kalmayı emrettiğini hatırlarsak, kibrin sonucunun ne büyük felâket olduğunu, insanı meleklikten ayırdığını çok kolaylıkla idrak edebiliriz.

NS: Yani kibirle melek olan tarafımızdan kopup gidip, şeytan olan tarafımıza teslim oluyoruz efendim.

CS: Aslında melek akıl demektir. Meleklik hakîki akıl, küllî akıl demektir. Biz oysa tersini biliriz, melekliği saflık, aptallık gibi değerlendiririz. Hayır. Akl-ı kül, küllî akıldır melek. Demek ki, insan kibir, nefret, kin, garezle aklını örtüyor. Aklını, hakîki aklını örttüğü zaman da Allah'la olan irtibatı kesiliyor.

NS: Gözü kör eder diyoruz ya, aklının gözünü de kör ediyor, gönlünün gözünü de kör ediyor. O yüzden göremiyor hiçbir yeri zâten.

CS: Çok doğru, idrak kayboluyor, idrak kaybolduğunda ölü mesabesine geliyor insan. Dolayısıyla, işte kibrin yaptığı en büyük felâketler, 'ben ondan üstünüm'le başlıyor.

NS: Üstünlük iddiasıyla, zâten çok kısa olan ömrünü harcayıp, gidiyor insanlar.

CS: Ne kadar büyük bir sıkıntıya girmek. Çünkü kimse kimseden üstün değildir, her üstün zannettiğinden de alacağı bir ders vardır. Ne güzeldir hocam anlatırlar, evdeki aşçının çocuğuna tokat vuran torununu, tekrar hocamızın tokatladığını ve 'dön geri borusu' çaldığı zaman öbür âlemde en arkada görünen en öne geçer; mezara bak, herkes; paşası, kralı, kulu hepsi aynı yerde yatıyorlar, sen neyine güvenerek onun vazifesi senden düşük diye onu tokatlıyorsun, diye terbiyeye dâvet ettiğini çok iyi hatırlıyoruz. Öyleyse ' dön geri borusu'nu hiçbir zaman unutmayalım.

NS: Yani makamlarına güvenip, insanlar makamı yüzünden, kendi makamından daha aşağıdaki insanlara eziyet ediyorlar. Demek ki, o eziyet bizim makamımızdan olursa eğer, bizim için bir cehennem, burada yarattığımız bir cehennem. Çünkü kendi gücünü bazen insanlar üniformasında görüyor, halbuki o üniforma ona ait değil, devlete ait, devletin gücünü kendi gücü zannediyor.

CS: Bugün ne makamlarda olanların düştüğünü görüyoruz, ama onları aşağıladığımız zaman da kibir etmiş oluyoruz. Öyleyse kendimizin ne olduğunu bilmeyerek herkes için duâ etmek lâzım. Allah'ım herkese akıl, fikir ihsan et, bana en başta ki, beni kibirden, kinden, nefretten, cehennem olmaktan, içimi cehennem kılmaktan uzak tut, demek lâzım. Ne güzel, Peygamber Efendimiz, insan kendi cehenneminin odununu kendi sırtında taşır, diyor. Demek ki, cehennemi yaratan bizim meşreplerimiz ve kötü huylarımızdır; cenneti yaşatan, yaratan da güzellikler, huzur, mutluluk, kanaat, tevekkül ve insanlık makamına yükselmektir.

NS: İnsanlık makamına yükselmek için, yani odun taşıyacaksak güzel yerlerimizle o odunu taşıyalım, onları taze suyla yıkayalım. Halbuki sadece ateşle yandırdığımız kötü huylarımız hem içimizi kavuruyor, hem dışımızı kavuruyor.

CS: Evet ne güzeldir, bir tane felçli hanımefendiden bahseder annem; "Eşi etrafında pervaneydi, çocuklar pervaneydi, herkes etrafındaydı. Sordum ona, nasıl bu kadar, bu halinizle etrafı çekiyorsunuz, dediğimde, tatlı suyun başı kalabalık olur kızım, dedi." O halde kin, nefret, kibir, esâretten kurtulmuş insan tatlı su gibidir. Herkes ondan içmek için oraya doğru yönelir. Tevâzu suya benzer, cennetin dört nehrinden biridir. Süt ilimdir, bal tevhittir, her yerde Allah'ı görmektir, şarap Allah aşkıdır. Bunları kazanan insan cennettir, vesselâm.

NS: Evet, *Mesnevî*'de de Mevlânâ bize devamlı anlatır. Şarap Allah aşkını sembolize eder ve onu içmenin, onun sâkîsi olmanın ne büyük bir lûtuf olduğunu ...

CS: Ne güzel söylediniz. Hazreti Mevlânâ, biz üzüm şarabıyla sarhoş değiliz, biz ezel bezminde Allah'ın *"Ben sizin Rab'biniz değil miyim?"* hitabıyla sarhoş olduk, o zevki yaşıyoruz, der. İşte her an Allah'la irtibatta olan kişi her hâdisede Allah'ın bize bir şey öğrettiğini ve kendini hatırlattığını, Rab adıyla hisseder ve o insan hakîkaten mutluluk içinde yaşar.

NS: Ne güzel! Doğumdan ölüme kadar öğrenmekle mükellef olduğumuzu öğretiyor Allah bize.

CS: Kesinlikle, zâten öğrenmekten daha zevkli bir şey var mı efendim? Çok mürşitten şu lafı duydum: Öğrenmekten aldığım zevki, öğretmekten almadım. Hakîkaten öğrencilik dünyanın en zevkli halidir, çünkü Allah ilmi sonsuz ve bitmeyen bir zevktir.

NS: Kesinlikle öyle.

CS: Onun için öğrenen zevkten zevke girer.

NS: Hayatımızın sonuna kadar aslında öğrenci olmayı nasip etsin Allah bize diyelim.

CS: Âmin, inşallah efendim!

NS: Evet, bugün de bu güzel sohbetin sonuna geldik ve kibirli olan İblis'in emrindedir, diyoruz. "Kibirden vazgeçelim, gönlümüzü tüm insanlığa ve Allah'a açalım".

MÂNÂ KAPISI

NS: Mesnevî Okumaları'ndan merhaba efendim. Yeniden sizlerle birlikteyiz ve *Mesnevî* bakalım önümüze hangi hikâyeyi koyuyor, hangi hikâyeyi anlatıyor? Bugün aslında asrımızın en büyük sorunu olan 'şekille mânâ arasındaki uçurumu' *Mesnevî* bize anlatmış.

"Mânâ kapısını çalarsan açarlar"

Mânâ kapısını çalarsan sana açarlar, düşüncc kanadını çırpar, uçmaya çalışırsan, seni bir doğan haline getirirler.

Haberin yok senin düşünce kanadın çamura bulaşmış, ağırlaşmış, sen çamur yiyorsun, çamur sana ekmek olmuş.

Ekmek ile etin asıl mayası topraktır, çamurdur. Bunları az ye de çamur gibi yeryüzüne yapışıp kalma.

Acıkınca köpek oluyorsun, kızgın, geçimsiz, kötü huylu, sert, yanına yaklaşılmaz, soysuz bir köpek kesiliyorsun.

Fakat doyunca da pis bir leş halini alıyorsun; duygusuz, herkesten habersiz, sanki elsiz, ayaksız bir duvar gibi oluyorsun.

Bazen murdar bir leş, bazen kızgın bir köpek oluyorsun. Bu durumda sen nasıl olur da aslanların yolunda koşabilirsin?

Avlanırken senin işine yarayan ancak köpektir, yani nefsindir. Bu nefis köpeğini fazla besleme, önüne az kemik at.

Çünkü köpek doyunca azgınlaşır, emirlere uymaz., karnı tok olduğu için avın arkasından koşmaz.

Îmanlı bir kişi, bir yerde altın bir put bulsa, onu puta tapanlar alsın diye bırakır gider mi?

Onu alır, ateşe atar, eritir, onun eğreti olan putluk şeklini değiştirir.

Böylece de altındaki put şekli kalmaz. Çünkü şekil, sûret, mânâyı arayanlara engel olur ve yollarını vurur.

O putun altını Allah'ın ihsanı olan bir madendir. Altının put şekline sokulması eğretidir. Onun aslını, altınlığını değiştirmez.

Sen şekilde, sûrette kalırsan puta tapıyorsun, demektir. Her şeyin sûretini bırak, mânâsına bak. [10]

Evet, sevgili Cemâlnur Hocam, görüyorsunuz şekil ve mânâ nasıl *Mesnevî*'de çok yer tutuyorsa, hayatımızda da çok yer tutuyor ve Mevlânâ, hatta bugün herkesin anlayamayacağı bir şekilde, belki sert de söylüyor. Îman namazdan daha iyidir, namazdan daha üstündür. Çünkü îmansız namaz olmaz, diyor. Yani şekli yerden yere vuruyor.

CS: Evet. Zâten şekle takılmak sonsuzu idrak etmekten insanı alıkoyar. Peygamber Efendimiz'in, nazar sûrete değil, sîretedir demesi ne kadar önemlidir. Biz bazen kelimelere takılırız, bütün mesele şekle takılmaktan çıkar. Çünkü bütün kavgalar kelimelere ve şekle takılmaktan ortaya çıkar. Halbuki ben her zaman söylerim, kulplu bir bardak düşünün böyle ikimizin arasında dursun. Bana göre sağda, size göre solda olan kulp için siz solda olduğuna yemin edersiniz, ben sağda. Bakın şekil insanı ne kadar yanıltıyor. Halbuki yukarıdan bakan bir insan, sizin de benim de doğru olduğumuzu bilir. Öyleyse görünüşün hiçbir

10 Şefik Can, *Mesnevî Tercümesi*, Ötüken Neşriyat, İstanbul:2003, C.1-2, s. 183-184 beyit 2870- 2877, 2888, 2890- 2893;
Ken'an Rifâî, *Mesnevî-i Şerif*, Kubbealtı Neşriyatı, İstanbul:2000, s.418-419 beyit 2911-2918, 2929- 2931, 2933

önemi yoktur, ama biz hep birbirimizle ilişkilerimizi görünüş üzerine kurmuşuz. Birini dâima görünüşünden dolayı eleştiriyoruz. Birisini dâima insan olma yönünden değil, mânâsından değil, görünüşüyle seviyoruz, bağlanıyoruz. Hazreti Mevlânâ evlenmek üzere olan kadının eş seçişini kinâyeyle anlatır, sordum ona der, kiminle evleneceksin? Çok güzel bir adamla, zengin, bir sürü atı, devesi var, bağları, bahçeleri var, diye anlatır. İşte böyle anlatılan adama takılıp kalan insandan ne hayır gelir?

NS: Bugün böyle birçokları var. Sorulduğu zaman nasıl bir eş seçtin? diye, aaa çok zengin, çok yakışıklı, diplomaları var, arabası var, evleri var diyerek sıralıyor ve kâğıt üzerinde bunların yekûn olarak hesabından bir insan seçiyor.

CS: Ama eve haram para girecek mi, girmeyecek mi, onları kimsenin düşündüğü yok. Her haramına getirdiği acı ve sıkıntıyı, felâketleri kimse düşünmüyor? Öyleyse şekilden kurtulup mânâya yöneldiğimiz zaman hakîkate doğru yöneliriz. Sözün şeklini değil, mânâsını almalıyız. Çünkü sözün şekli yüzünden çok kavgalar çıkıyor. Birisi bu kelime bu mânâya geliyor diye iddia ediyor, bütün felsefecilerin ortak problemi budur, akıl ve şekil üzerine takılıp kalırlar. Akıl ancak zıddıyla işleyen bir mekanizmadır, halbuki Allah'ın sonsuz mânâsını zıtla işleyen bir akılla idrak etmek mümkün değildir.

NS: Çok sınırlı kalır.

CS: Son derece sınırlı kalır ve vesveseye götürür insanı. Bir felsefeciyle bir ârif yolda gidiyorlarmış. Felsefeci ömür boyu ârifi eleştirmiş, demiş ki, "Sen ne biliyorsun ki? Hepsi hayal senin söylediklerinin." En sonunda hastalanmış felsefeci. Ârif adama "Lütfen benim için duâ et, hastalığımı yenebileyim" demiş. "Hastalık nedir?", demiş ârif. Felsefeci, "Ne bileyim işte, hastalık hastalıktır. Sıhhat bulunca yanakların kızarır, huzurlu olursun, biraz kilo alırsın, enerji bulursun." "Bunlar isim ve sıfatları sıhhatin", demiş. "Hakîkatini, zâtını söyle ki, Allah'a duâ etmeye yüzüm olsun." "Sıhhatin zatı nasıl olur ki?" demiş. "E, sen zâtını bilmediğin için duâ istiyorsun da benim anlatamadığım Allah'a îman ettiğimi niçin anlamıyorsun?" İşte mesele mânâya geçebilmek, şeklin kalıbında kalmamaktır. Hani Leylâ ile Mecnûn hikâyesindeki gibi. Padişah Leylâ'yı getirmiş, şekli berbat ama konuşursa belki güzelleşir, belki güzel bir tarafını bulurum, demiş. Sormuş: " Hakîkaten Leylâ sen misin?" Leylâ'nın cevabı muazzam; "Ben Leylâ'yım da sen Mecnûn değilsin", demiş. Öyleyse mânâyı görebilmek insan için lûtuftur, Mecnûnlar ancak onu başarabilirler. O zaman insan şekilden kurtulur. Mesela Kâbe'yi bir ev olarak görmekten kurtulup, Allah'ın Zât-ı ilâhisi olarak düşünürse, o zaman tavaf edişi zâtın etrafını olur.

NS: Yoksa dört duvarın etrafında niye dönüyorum diye bakar insan.

CS: Kesinlikle, ibâdetimi yaptım, döndüm diyoruz o zaman. Arafat'ta tamamen Allah tarafından af olunacağını düşünen insan, Arafat'ta ârif seviyesine ulaşmazsa nasıl af olunur? Yani rûhu olan Âdemiyet'in önünde nefsinin secde ettiğini görmezse, nefis ve ruh birleşmezse, bir koruk üzüm olan nefis güneşle tekâmül edip üzümlük, hatta şaraplık ve sirkelik seviyesine yükselmezse, o zaman nasıl o kişi ârif olur da, Arafat'ta af olunacağını düşünür?

NS: Yani biz bu görevdir, herkes yapıyor, yapalım, onun için gidelim, diyoruz. Hatta, hem ziyaret hem ticaret olur diyerek hacca gitmek başka bir şey, oraya o mânâyı aramaya gitmek başka bir şey.

CS: Ne kadar güzel söylediniz. Orucu da tutmak böyle. Orucu sadece şekliyle tutup önümüze geleni azarlar, kalpler kırar, küfürler edersek…

NS: Çok oluyor Cemâlnur hanımcım. Yani çok rastladım, adam bağırıyor, çağırıyor, hakaret ediyor ve sonra mazeret olarak dönüp size diyor ki, ben oruçluyum da oruç başıma vurdu, o yüzden de böyle davranıyorum. Bu orucun o zaman ne hikmeti var ki?

CS: Yunus'a bakalım, *"Bir kez gönül kırar isen bu kıldığın namaz değil"*, diyor. Sen Allah'ın yarattığının kalbini kır, Kâbe gibi olan gönül evini yık, ondan sonra oruç tuttum, ibâdet ettim, kabul oldu, de. Hayır! Oruç, bütün organların oruç tutmasını gerektirir, gözü harama bakmaktan, dili kötü laf etmekten, ayağı haram yere gitmekten alıkoyar. Eli yanlışa uzanmaktan, kulağı dedikodu dinlemekten mutlaka uzak tutunca oruç tutmuş olursunuz. Hazreti Pîr'in buyurduğu gibi eğer namazı îmanla kılmıyorsanız, o namaz da horoz gibi yatıp kalkmaktan başka işe yaramaz. İnsanı mîraca götürmeyen namazın faydası olmaz.

NS: Ve bu konuda bazıları zayıflamak için böyle bir gündem yaratıyor, Ramazan ayında bakın çok rahat, nasılsa oruç tutacaksınız, namaz kılacaksınız, o yüzden detoks yapmanız için de ne kadar güzel bir aydır. Halbuki bu bedenle ilgili değil, bu rûhumuzla, mânâyla ve kendi içimizdeki o ego, nefs dediğimiz, kir, pas, kinden, nefretten, sevgisizlikten arınmak için bir mola aslında.

CS: Ne kadar güzel söylediniz. Ben burada bir noktaya daha değinmek isterim eğer izin verirseniz.

NS: Estağfurullah!

CS: İftarlarımızı o kadar şâşaalı, o kadar şeklî yapıyoruz, o kadar sûrete dönük yapıyoruz ki, hatırlarsanız sizle birlikte Medine'deyken mide rahatsızlığınızdan dolayı oruç tutamadığınızdan bahsetmiş, fakat orada oruç tuttuktan sonra Medine Camii'nde ikram edilen yoğurt ve hurmadan ibâret iftarımızı yapınca midenizin ne kadar rahatladığını söylemiştiniz. İşte iftar gösteriş ve şekil değildir. İftar mânâ ve Allah'la birleşmek demektir. Vazifeni yapmanın sevincidir. Bayram da öyle, gösteriş değildir, şekil değildir. İbâdetlerin hepsi gösterişten uzak olmaktır. Yalnız tabii ki bu, ibâdeti yapmamak demek de değildir. Yani ben tam mânâsına eremedim, namazımı kılmayayım, demek de bir eksikliktir.

NS: Yani elbette o ibâdetimizi yapmak ama ibâdetimizi yaparken başkalarının gözüne sokmamak.

CS: Evet, çok güzel söylediniz. Yani halka kendimizi beğendirmek için değil, Hak'kı memnun etmek için ibâdet etmeliyiz. Onun için ibâdetlerin en yücesi kendimiz sıkıntıdayken başkasına yardım etmektir. Kötü huylarımızı vermektir, putlardan kurtulmaktır.

Peygamber Efendimiz'in resm-i şerîfinin yapılmayışı taassuptan değildir, efendim. Peygamber'i herkes farklı bir vücutta görür ve idrak eder. Allah kimsenin idrakini bozmak istememiştir, herkesin idrakine hürmet etmiş, onun için onu bir tek sûret içine koymamış. Çünkü sûret kısıtlar, o Allah'ın mânâsını anlatan Sultan asla kısıtlanamaz.

NS: *Mesnevî*'de çok güzel bir hikâye vardır bunu anlatan: Peygamber Efendimiz'e geliyorlar, biri diyor ki, "Sen ne kötü bir insansın, işte görüntün de kötüdür…"

CS: Ebû Cehil.

NS: Ebû Cehil söylüyor. Evet. "Doğru görüyorsun, doğru söylüyorsun", diyor.

CS: Hazreti Ebû Bekir'de ne güzelsin, der. "Ona da doğru söylüyorsun", der.

NS: Derler de nasıl diyor?

CS: Ya buyurun, ne güzel aynada kendinizi gördünüz. "Ben aynadan başka bir şey değilim", diyor. O'nun sûreti yoktur, O baştan aşağı sîrettir. O yüzden mânâyı idrak eden insan kişiye de takılıp kalmaz. Kişideki hakîkat-i Muhammedî'yi görür ve o nura hayran kalır. Şekilden uzak durur. Ben çok etkilenirim Hazreti Hatice, yanındaki adamın günlerdir taptığı putu bir ufak yerinde çatlak oldu diye ayağıyla kırıp basışını görür ve 'Yazıklar olsun!' der. Günlerdir buna tapıyordun, bir ufak çatlağı yüzünden vurdun, kırdın, bu nasıl vefâdır? İşte putlar dâima kırılmaya mahkûmdur, ama mânâlar yok olmaz. Onun için bu dünyaya putumuzu geliştirmeye değil, mânâmızı geliştirmeye geldik.

NS: Çünkü put zâten yok olacak, topraktan gelip toprağa gidecek, kırılacak yani.

CS: Evet. Çok güzel buyurdunuz. O halde şekle değil, mânâya önem verelim. Ama yine de vücudumuza bakmak ve şeklimizi de tertipli ve güzel tutmak Allah'a duyduğumuz şükrün bir ifâdesidir.

NS: Peygamber Efendimiz de böyle yapmıştır her zaman.

CS: Evet.

NS Temizliği, güzelliği, güzel kokuyu öğretmiştir ve kendisi örnek olmuştur hayatıyla. İnşallah "Allah bizi hep mânâdan yana kılsın, şekilden uzak tutsun", diye duâmızla bitirelim efendim. Bugün de bu kadar ve *Mesnevî*'nin bize öğrettiğini; "şekil mânâyı arayanlara engeldir", diyelim ve şekilden uzak durmaya çalışalım.

DOST

NS: Mesnevî Okumaları'ndan hepinize merhabalar efendim. Evet, bugün *Mesnevî* bize yeni bir hikâye anlatacak. Bugün konumuz 'dost'. Dost olmak çok önemli. Dostluk, Mevlânâ'nın, *Mesnevî*'nin, hayatın dönüm noktası aynı zamanda. Hatta belki *Mesnevî*'nin yazılmasının nedeni, çünkü Hazreti Şems de Mevlânâ'nın dostu. Sekiz yüzyıldır yaşayan bir dostluk. Bu yüzden seçtiğimiz hikâyede:

"Gönülden gönüle pencere vardır."

Gerçekten de, gönülden gönüle pencere vardır. İki insan birbirine gönülden bağlanınca, artık onlar birbirinden ayrı değillerdi. Bedenleri birbirinden uzak düşse de gönülleri beraberdir.

İki kandilin kapları birbirinden farklıdır. Bitişik değillerdir. Fakat nurları birbirine karışmıştır, birleşmiştir.

Hiçbir âşık yoktur ki, sevgilisi onu aramadıkça o sevgilisiyle buluşmayı dilesin.

Fakat aşk, âşıkların bedenlerini zayıflatır, eritir, sevgilileri ise daha da güzelleştirir, geliştirir.

Şu gönülde de sevgi şimşeği parlayınca bilmiş ol ki, o gönülde sevgi vardır.

Senin gönlünde de Allah sevgisi iki kat oldu, arttı ise şüphe yok ki, Allah da seni seviyor, demektir.

İki el olmadıkça, bir elle el çırpılmaz, bir elden el çırpma sesi çıkmaz.

Susuz bir kimse; "Ey tatlı su neredesin?" diye inler, feryat eder. Su da; "Ey susamış olan, ey su isteyen kişi, neredesin?" diye inler, ağlar durur.

İçimize düşen bu susuzluk, suyun bizi istemesinden, bizi kendisine çekmesinden ileri gelmektedir. Çünkü Allah bizi onun için, onu da bizim için yaratmıştır.

Kehribarın saman çöpünü dilemesi, çekmesi gibi, âlemde her cüz de kendi çiftini, eşini dilemektedir.

Gökyüzü yeryüzüne "Merhaba!" der. "Seninle ben kehribarla saman çöpü gibiyiz, birbirimizi sevmekteyiz.!" diye söylenir. [11]

Evet, cihanın her cüzünde bu var gerçekten. Biz, dostluğun ne kadar önemli olduğunu anlatan bu bölümü okuduktan sonra dostluğun karşıtıyla, kötü arkadaşla ilgili de çok kısacık bir hikâye aktaralım: "Kötü yılan kötü dosttan iyidir", diye. "Herkesin, her şeyin kendisine muhtaç olduğu, hiçbir şeye ihtiyacı bulunmayan Allah'ın tertemiz Zât'ına yemin ederim ki, kötü yılan kötü dosttan iyidir" deniyor. Evet hocam.

CS: Efendim müsaade ederseniz dost kelimesinin tek muhatabının Allah olduğunu bildirmek isterim ben âcizane. Öyleyse Allah'ın açısından dost kim, ona bakalım diye düşündüm ve hemen 'dostum' dediği Hazreti İbrâhim aklıma geldi. Hatta çok hoş bir hikâye vardır: "Cebrâil *(a.s.)* Allah'a der ki, sen varlık sultanısın ve o da varlıklı biri (Hz. İbrâhim), nasıl olur da senin dostun olur? İki varlık nasıl birbirine dost olur? Bunun üzerine imtihan et ya Cebrâil, der Allahu Azîmuşşân. Onun üzerine Hz. Cebrâil gider İbrahim'e döner, bağırarak 'Subbuhun, Kuddusun' der. İbrâhim ağlamaya başlar, malımın yarısı senin

11 Şefik Can, *Mesnevî Tercümesi*, Ötüken Neşriyat, İstanbul:2003, C. 3-4, s. 348-349 beyit 4391-4399, 4402-4403

olsun Cebrâil, bir kere daha söyle ki, öbür yarısını da vereyim, der. İşte bir şeyi dostu için fedâ edebilen kişiye dost denir ya da Mevlânâ'nın deyimiyle, dostunun yaptığı sıkıntı ve belâdan kendi yapmışçasına yüzü kızaran kişiye dost denir. Tabii ki, siz çok güzel bir yere parmak bastınız. Mevlânâ'nın dostu Şems'tir. Mevlânâ kendini anlatırken şöyle anlatır: "Ben baştan aşağı nefstim, hamdım, adıma 'koruk' derlerdi. Sonra çok şükür ki, güneş geldi, Şems geldi, koruk güneş sayesinde üzüm haline geldi. Allah aşkıyla üzümleşti, faydalı bir gıda oldu, etrafa yararlı vitamin dolu bir gıda. Öyle de kalmadı, güneş beni öyle bir adam etti ki, şarap haline döndürdü. Şarap baştan aşağı Allah aşkı demektir, ama şarapta bile âşık olan ve olunan olması hasebiyle ikilik ve haram vardır. Sonra beni gene olgunlaştırdı, sirke haline döndürdü ki, mikropları öldüren, temizleyen saf ve tertemiz sirke oldum ben, yani Allah'a karıştım", der. Görüyoruz ki, Şems ve Mevlânâ ikisi de aynı aşkla yanan, birbirine değil de, aynı aşka doğru el ele yönelen iki sevgilidir.

NS: Evet, bugün insanlar bunu anlamakta çok zorluk çekiyorlar. Nasıl olur, iki insan bu kadar birbirini sever; *Mesnevî* yazdıracak kadar. Böylesine büyük bir dostluk, sevgi bağı oluşur ve birbirleri içinde kaybolurlar, hatta Hazreti Şems, Şems-i Tebrizî, Tebriz Güneşi yok olur, gider dost yolunda başını verir.

CS: Doğru, efendim bunun sebebi için altı yaşına bakmamız lâzım Hazreti Şems'in. Altı yaşındayken Allah'la konuştuğunu söyler. Kendi kitabında der ki: "Allah bana sordu, ne istiyorsun? Cevap verdim, seni, dedim ve ondan sonra Allah bana, gel, dedi ve başka hiçbir şey kalmadı benim hayatımda". Görülüyor ki, Şems, Allah'ı tanımış, bilmiş ve O'na âşık olmuştur, altı yaşında olmuştur. Artık sırf O'nu anlatacağı, aşkını, cemâlini gördüğü Sultan'ı anlatacağı bir muhatap aramaktadır. Her yeri gezer, hiç kimse kendi gibi bir anlayışa sahip değildir, tâ ki Hazreti Mevlânâ'yla karşılaşana kadar. Mevlânâ'yı bunca methedişi, yere göğe koyamayışı, ne anlattıysa alan, kendi gibi Allah aşkıyla coşan bir sultan olmasındandır. Onun için Mevlânâ'yı tarif ederken altı yaşında bir çocuğun hocasının önünde oturması edebiyle karşımda oturur ve hiçbir şey söylemezdi, der. Demek ki, Mevlânâ aşkı öğrenmek için karşısına oturmuş.

NS: Üstelik de babası ulemâ, kendisi ulemâ olan ve de birçok öğrencisi bulunan Mevlânâ gibi büyük bir âlim, ama aşkın karşısında, dostunun karşısında daha henüz öğrenmesi gereken şeyler olduğunu anladığı için bir öğrenciye dönüşüyor.

CS: Ne kadar güzel söylediniz, Tırmızî gibi bir sultanla sülûkunu da tamamlamış, ama o devrine 'hamdım' diyor, yani her şeyi bilmesi insanı adam etmez. Her şeyi bilmesine rağmen yaşar hale geçmesi için benliğinin yok olması lâzım. İşte o zaman bütün surları yakıp yıkan bir dosta ihtiyaç var.

NS: Hayata geçirmesine vesile olmuş, Şems.

CS: Kesinlikle. Yani yaşamasına vesile olmuştur. Yani Mevlânâ, âşık, Allah'a âşık bir sultan haline gelmiştir. Belki çok büyük bir âlim olarak kalacaktı babası sultanu'l ulemâ gibi, ama dost geldi, onun adına âlim değil, artık âşık dendi. Âşık, âlimden de üstün bir âlimdir.

NS: Üstün bir vasıf halidir. Ve de bugüne bakarsak, yani arkadaşlıklar, dostluklar, adı böyle olmasına rağmen çok hızlı tükeniyor, tüketiliyor. İnsanlar bir mekâna girince başkalarına yabancı diye selâm vermiyor. Arkadaşlıklarını da, dostluklarını da çabuk harcıyor. Komşularına da selâm vermiyor. Selâm vermek bile hani bir zorluk halinde. Halbuki insanların yalnızlığı inanılmaz boyutta ve bu yalnızlık birçok hastalığın da nedeni zâten ve dost ve arkadaş aslında bizim bu yalnızlığımızda, Allah'a varan yolda yoldaş olanlar değil midir?

CS: Evet efendim. Arkadaşla dostluk kelimelerini bir lokma ayırabiliriz. Dost, buyurduğunuz gibi, bizi Allah'a götüren köprü demektir. Yani elimi tutup bendeki kalıpları yıkan, kuralları yıkan ve bende Allah'tan başka hiçbir şey bırakmayan kişiye dost denir.

NS: Yani kötü huylarımızı yıkmakta bir köprü olan dosttur.

CS: Kesinlikle! Nefsâniyetimizi, egomuzu yıkar. Beni, sen yapar. Ne kadar güzel hikâyedir: "Dost, dostun kapısına gelir. Kim o? der dost. Benim, der. Sen git biraz gez, bana lâyık değilsin, der dost. Gider, gezer, hasretle yanar, tekrar gelir hocasının kapısına, vurur kapıyı. Kim o? der hocası. Senim!, der. Şimdi gel içeri", der. Yani beni sen yapan kişiye dost denir, efendim.

NS: Sen, ben ayrımını kaldırmazsa insanlar, demek ki orada dostluk olması mümkün değil.

CS: Evet, arkadaşlıkta dahi arkadaşının kusurunu örten kişiye arkadaş denir. Hakîki arkadaş birbiri için fedâ olmaya hazır olan kişi demektir ama maalesef biz arkadaşlığı bugün, sadece menfaatlerin bir arada gittiği kişiler olarak algılıyoruz. Mesela aynı zevkleri paylaşıyorsak, arkadaşız, diyoruz. Halbuki zevklerin ötesine çıkması lâzım insanın dostuyla.

NS: Aynı zevkleri, aynı fikirleri paylaştığımız sürece birini sevmenin nefsimize zâten bir zulmü yok. Halbuki bizimle çok farklı olan insanları sevebilmek herhalde büyük bir mârifet.

CS: Evet, hatta yanlışımızı gösterdiği zaman kırılmadığımız, iyi ki gösterdi dediğimiz, sevindiğimiz arkadaşlara ihtiyaç var.

NS: Yanlışını gösterince arkadaşlıktan vazgeçen çok insan var. Çünkü hep onaylanmak istiyorlar, hep egolarının okşanmasını, nefislerinin taltif edilmesini istiyorlar. Eleştiri, yol gösterme, öğreticilik, bunları hiç istemiyorlar.

CS: Evet, ne kadar güzel söylediniz. Bakın, güneşin tesiri şimdi üzerimizde ne kadar kuvvetli. Normalde oturmak ne kadar zor. Hatta bakmak için gözlüğe ihtiyacımız var. Dost güneş gibidir, Şems gibidir, yakar, yıkar, geçer. Eğer o yanıştan zevk alacak bir insan varsa dostun karşısında oturabilir. Allah nasip etsin, dost insanı gökyüzüne yükseltir. Anne ve baba yeryüzüne indirir, dost mânâ âlemine yükseltir. Gaybı anlatır ve öğretir. Arkadaş da dostluğun ilk adımıdır, ama demin buyurduğunuz gibi, kötü arkadaş da insanı en büyük felâkete götüren kişidir. Allah evlatlarımızı ve bizleri yanlışa götüren, dünya dertleriyle meşgul, şikâyeti seven ve dedikoduyu seven arkadaşlardan uzak tutsun inşallah!

NS: İnşallah! Çünkü gerçekten genç nesilde kötü arkadaş çok ciddi bir sorun. Anne ve babaların çalışması çocukları kötü yola sevk ediyor. Az ilgilenilmesinden dolayı da arkadaş her şeyin önüne geçiyor ve yönlendiriyor çocukları.

CS: Ne kadar güzel söylediniz. Gayet iyi hatırlarım, bir öğretmen arkadaşım eşinden son derece dertliydi. Ben de şikâyet dinlemeyi çok sevmem, hep kaçarım, ama bir arkadaşım, "Hiç dinlemiyoruz kızı, bugün onu oturup dinleyelim", dedi. O gün biz onun şikâyctlcrini uzun uzun dinledik. Ertesi gün o yanım daki arkadaşım dedi ki, "Ben de eşimle kavga ettim dün akşam". Neden dedim? Çünkü onun eşiyle ilgili bütün şikâyetleri benim eşimde de vardı, ben de gittim, kavga ettim, dedi. Bakın bir yanlış arkadaş insana nasıl kötü örnek oluyor. Dolayısıyla hep iyiye, pozitife götüren, elimizdeki şartlardan memnun olmayı öğreten arkadaşlara ihtiyacımız var.

NS: Var olmayanı aramak ve de onu talep etmek yerine elimizde var olanların güzel tarafını görmek ve güzelliklerini fark etmek.

CS: Evet, zîra âyet-i kerîmede eşlerimiz için bile, eşlerinin kötü huyları olabilir, senin sevmediğin huyları olabilir, ama güzel taraflarını görmeye gayret et, diyerek Allah, mutlaka zıddımızla terbiye olacağımızı bize öğretiyor. Görüyoruz ki, arkadaşlıkta, dostlukta, evlilikte, karı kocalıkta, hatta ana-evlat ilişkisinde genelde zıtlarımızla terbiye oluruz ki, nefsânî yönlerimiz törpülensin ve Allah'a daha kolay yaklaşabilelim, diye.

NS: Evet, inşallah, Allah bize bunu nasip etsin, diyelim. Evet, "gönülden gönüle açılan pencerenin adı dosttur. Dost, her şeyini veren ve arkadaşına, dostuna, yakınına, çevresine bir mum gibi ışık saçandır."

CÖMERTLİK

NS: Mesnevî Okumaları'ndan hepinize merhabalar efendim. Evet, bakalım *Mesnevî* bize bugün hangi hikâyeyi anlatacak? Bugün konumuz 'cömertlik'. Cömertlik, elbette zıddı da, cimrilik. Çok güzel hikâyeler var bununla ilgili, çünkü cömert olmak insan olmanın temeli sayılıyor.

"Darvanlılar'ın hikâyesi":

Onlar; "Babamız çok saf bir insan olduğundan, bahçeden aldığı mahsulün çoğunu yoksullara verirdi. Üzüm oldu mu onda birini, kuru üzüm elde edildi mi onda birini, helva veya pâluze pişirildi mi onda birini, ekin yığılınca onda birini, harman dökülünce onda birini, buğday samandan ayrılınca onda birini, buğday öğütülüp un haline gelince onda birini, yoğrulup hamur olunca onda birini, ekmek pişince onda birini yoksullara verirdi. Cenâb-ı Hak bu yüzden o bahçeye, o tarlaya öyle bir bereket vermişti ki, bütün bahçe sahipleri babamızın bahçesine muhtaç olurlardı. Ondan hem meyve isterlerdi, hem para. Halbuki cömert babamız onların hiçbirine muhtaç olmaz. "Ama oğulları, babalarının fakirlere verdiği onda birleri, bir bir görüyorlardı da, Allah'ın o bahçeye ve o tarlaya verdiği bereketi görmüyorlardı.

Sâlih, temiz bir adam vardı. Olgun bir akla sahipti. İşlerin sonunu bilirdi.

Yemen yakınlarında bulunan Davran köyünde otururdu. Sadaka verişi ve güzel huyuyla tanınmıştı.

Onun küpü, yoksulların Kâbe'si gibidir. Bir şeyler umanlar, ihtiyacı olanlar hep ona gelirlerdi. Gösterişsiz ve riyâsız olarak başak daha tarlada iken onda birini verir, buğday samandan ayrılınca da onda birini verirdi.

O yiğit her zaman çocuklarının hepsine de vasiyetlerde bulunurdu:

"Allah aşkına, Allah aşkına, benden sonra hırsınıza uyup cimriliğe kapılmayın, yoksulların haklarını vermemezlik etmeyin."

"Cömertlik ve cimrilik"

Cömertlik bütün karşılıkları görmektir. Bu yüzdendir ki, cömertlik ümit ve neşe getirir ve verdiği şeylerin kaybolduğu korkusunu giderir.

Cimrilik ise Peygamberimiz'in müjdelediği karşılıkları görmemektir. İnciyi görmek dalgıcı sevindirir.

Bu duruma göre, dünyada hiç kimsenin cimri olmaması gerek. Çünkü hiç kimse karşılığı olmadıkça oyuna giremez.

Demek ki, cömertlik gözden geliyor, elden değil. İş gören gözdür. Görüştür. Gözü görenden başkası cimrilikten kurtulmadı.

Allah can bağışlamaya karşılık yüz binlerce can ihsan eder. Hangi bir cömertlik Hak'kın bu görülmemiş, akıl almaz cömertliğine benzeyebilir?

Hak'kın bu cömertliğini görseydin, nasıl olur da canını esirgerdin? Bir can için nasıl olur da bu kadar gamlanırdın?" [12]

Evet, Cemâlnur hanım.

CS: Allah'ın en sevdiği huylardan biri nefsin için değil, Allah için vermektir. Çünkü nefis için vermeye müsriflik denir; ama Allah için fedâ etmeyi Allah çok sever ve karşılığında diyet olarak kendini nasip eder insanlara. Ne güzel hadîs-i şeriftir: *"Senin, sadaka verdiğin zaman, verdiğin para önce Allah'ın eline düşer."*

12 Şefik Can, *Mesnevî Tercümesi*, Ötüken Neşriyat, İstanbul:2003, C. 5-6, s. 120 beyit 1473-1476, 1479-1480, C. 1-2, s. 338 beyit 897-900, 892-893)

Demek ki, Allah'a veriyoruz, fakire değil. Öyleyse fakirin bize avucunu açması, Allah'ın bize 'Seni seviyorum' nidâsından başak bir şey değildir. O avucunu açan fakirin elini bırakıp ayağını öpmek lâzım. Demek ki, bize ihtiyacı olandan Allah'a şükretmek lâzım. Efendimiz hadîs-i şerifin bir başkasında ise meleklerin her gece sabaha kadar duâ ettiğini ve şöyle dediğini söyler. Peygamber Efendimiz: *"Allah'ım cömertlere bol bol ver, hasislerden de malını mülkünü al."* Demek ki, Allah vereni, fedâ edeni seviyor, ama...

NS: Çünkü ben size diyor, kullarımla geliyorum. O yüzden de sizin kula vermeniz, bana vermeniz sayılıyor. Ramazan ayındayız ve Ramazan ayında herkes birbirine veriyor; yemekler veriliyor, kurumsal olarak belediyeler veriyor, açık sofralar kuruluyor. Verme işini en çok yaptığımız ay, ama geriye kalıyor onbir ay. Onbir ayda biz ne yapıyoruz diye sormamız gerekiyor galiba.

CS: Aslına bakarsanız buyurduğunuz mal cömertliği de cömertliklerin en basitidir. Gene de Ramazan da dâhil olmak üzere mal cömertliğinin ötesinde hakîki cömertliğin nefsimizin kötü huylarını vermek olduğunu anlayabilelim. Ramazan bunun için fırsatlardan bir tanesidir.

NS: Yani Ramazan'ın rûhu, bizim mal mülk olarak fazlamızı birine vermek değil, ihtiyacımız olmayan ve de olmaması gereken kötü huylarımızı Ramazan vasıtasıyla, her bir organımızı terbiye edip vermek diye söyleyebilir miyiz?

CS: Ne kadar güzel buyurdunuz. Bununla ilgili Hazreti Hüseyin'den bir hikâye anlatmak isterim: Güzel sultan çok şık giyinirlermiş. Emirleri toplamışlar, yemek veriyorlar ve İslâm'a dâvet edecekler. Fakat kölelik tedrici olarak kaldırılmış olduğundan henüz kölesi olan bir hizmetkâr kaynar çorbayı getirirken ayağı tökezlemiş ve mübâreğin başından aşağıya kaynar çorbayı dökmüş. Şimdi düşünün, emirler kibirli, hemen öldürülmesini bekliyorlar kölenin; aynı zamanda çok canı yanmış ve öfkelenmiş olması lâzım Hz. Hüseyin'in. Köle müslümanmış ve hemen bir âyet-i kerîme okumuş: *"Allah gayzını yeneni sever."* Bunun üzerine Hz. Hüseyin gülerek, Allah için gayzımı yendim ya köle, diyor. Köle şımarıyor, devam ediyor: *"Allah affedeni sever."* Affettim ya köle, diyor Hazreti Hüseyin Sultan. Sonra köle devam ediyor: *"Allah ihsan edeni sever."* Azatsın ya köle, diyor. Onun üzerine diyor ki köle, senin yanından azat olunur mu? Aslında senden uzak olmak köleliktir, yanında olmak hürriyettir. Şimdi görüyoruz ki, en öfkelendiği anda

Allah için öfkesini yenmeyi bilenlerin adına 'sultan' deniyor. Demek ki, cömertliğin en ileri safhası, öfkeyi yenmektir.

NS: Bu çok önemli gerçekten Cemâlnur hanımcım. Çünkü insanlar o kadar kolay günümüzde öfkeleniyor ve o kadar kolay küfre varıyor, o kadar kolay birbirlerini yok edecek kadar öfkenin kör gözüne teslim oluyorlar ki, o zaman 'oruçluyum da yani, o yüzden öfkelendim'den başlayarak, daha ağır şiddetteki öfkelere kadar. Onlardan kurtulmak için Ramazan'da o zaman elimize, dilimize, kulağımıza, her şeye sahip olarak da öfkeyi yok etmek gerek.

CS: Ne güzel söylediniz. Aslında dilin, elin zekâtları vardır. Efendim aşkın zekâtı, aşkından vermektir. Evin zekâtı, evinde misafir ağırlamaktır. Şu sohbetin zekâtı dedikodudan uzak durmaktır. Demek ki, bu âlemde sadece malın mülkün zekâtı yok, her şeyden vermek lâzım. Sahip olduğumuz her güzelliği paylaşmak lâzım, ama zekâtların en yücesi, verilenlerin en yücesi can vermektir. Tabii ki, biliyorsunuz savaşta verilen can şahâdet…

NS: Bu yüzden şahâdet en yüksek mertebedir.

CS: Evet efendim, çünkü Allah'ı görebiliyor onlar. Allah'ın cemâlini görme fırsatını yakalıyorlar.

NS: Allah tüm şehitlerimize rahmet eylesin!

CS: Rahmet eylesin! Ne mutlu onlara, ama bir de aşkla şehit olanlar var ki, biz onlara 'ölmeden önce ölenler', diyoruz.

NS: Şems-i Tebrizî gibi.

CS: Evet efendim. Onlar nefsinin arzu ve isteklerinden ölmüşler. Bu dünyada yaşıyorlar, ama hiçbir nefsâniyet yok. Peygamber gibi, insân-ı kâmiller gibi. Görüyorsunuz Peygamber Efendimiz'i taşlıyorlar, "Allahım onlar bilmiyorlar, onları affet", diyor. Hallac-ı Mansur'u öldürmeye götürüyorlar, diyor ki, 'Allahım onlar da seni memnun etmek için beni öldürmeye götürüyorlar, onları affet'. Görüyorsunuz ya artık kendine ait hiçbir istek ve arzu kalmamış.

NS: Yani kendi içindeki öfke, hırs, kibir, gurur gibi duygulardan dolayı, karşısındakine bir kötülük yapmak, cezâ vermek isteği yok. Çünkü bunlar bize cezâ verdiriyor genelde.

CS: Kesinlikle öyle buyurduğunuz gibi.

NS: Ama tam tersi büyük bir affedicilik denizine gark olmak.

CS: Evet, buna 'ölmeden önce ölmek' diyoruz. İşte bu cömertliğin en üstün safhasıdır. Yani o sizin buyurduğunuz kinler, nefretler, öfkeler, hepsinden geçmiş, her yerde Allah'ı görme seviyesine ulaşmış bir güzel kişidir onlar ki, benzemeyi nasip etsin Allah!

NS: Allah, inşallah hepimize benzemek nasip etsin ve de tekrar altını çizelim ki, cömertlikten kasıt, sadece malımızdan pulumuzdan vermek değildir, eskilerimizi, kullanmadıklarımızı vermek değildir. Elimizde bir tane ihtiyacımız olan şeyi vermek ya da paylaşmaktır. Bununla birlikte ancak cömertiz, cömert olabiliyoruz, gayret ediyoruz, diyebiliriz.

CS: Ne kadar güzel söylediniz, hatta biz devre devre verelim diye gardırobumuzu açarız, en sevmediğimiz şeyleri çıkarırız. Halbuki vermek en sevdiğini verebilmektir. En sevdiği şeyi verebilmektir. Hocam Sâmiha Ayverdi'nin *"İnsan ve Şeytan"* adlı kitabında, bir adam fakir bir köylü olan Ömer'e sorar: Sen neyini verirdin Allah'a? Adam düşünür, düşünür, tarlam var, onu mu versem acaba? Sonra ertesi gün bir mektup bırakır. Tarlayı vermek kolay, bir yavuklum var, ondan vazgeçtim, ayrıldım, gidiyorum, Allahım'a ispat edeyim onu en çok sevdiğimi diye, der. İnsanlar nelerini fedâ ediyorlar. Aslında fedâ etmek değil, hakîkate varmak için bütün çirkin taraflarını vermeliler ki, o mânâya erebilsinler efendim.

NS: Evet, çirkin yanlarımızı önce fark etmemiz, o çirkinliklerin bizde olduğunu kabul etmemiz, o kabulden sonra da onlardan kurtulmak için uğraşmamız en güzel cömertlik olur kendimiz için.

CS: Ne kadar güzel söylediniz, ama biz maalesef cömert kelimesini de nefsi için alışveriş edenlere kullanıyoruz. Tabii, orada da onun yanlış olduğunu bilmek lâzım. Mesela kendini sevdirmek ve beğendirmek için etrafı devamlı memnun etmek amacıyla etrafa hediyeler yağdırma, hakîki cömertlik değildir. Hakîki cömertlik fakire yardım eli uzatmaktır.

NS: İhtiyacı olana…

CS: İhtiyacı olana…

NS: Hatta bunu çocuklarımıza da böyle yapmamalıyız; onlara da sevdiğimizi göstermek için sadece paraya, istedikleri her şeyi yapmaya dönük davranmak yerine, o gerçek sevgi ve iyi huyları verebilmeyi amaç edinmeliyiz.

CS: Ne kadar güzel söylediniz. Maalesef çocuklarımıza hiç doğru örnek olamıyoruz, her istediklerini veriyoruz, ama sonunda çocuklar onları eşlerinde ve hayatlarında bulamayınca depresyona sürükleniyorlar; ruh hastası çocuklar haline geliyorlar, çocuklarımızı ruh hastası yapmayalım inşallah efendim.

NS: İnşallah!

CS: Allah onlara da cömertliği öğretmeyi bize nasip etsin, onları da nefislerinden cömert kılsın inşallah!

NS: Âmin, inşallah ve cömert olmak bizim kültürümüzün de temelidir; yani sofrası açık, kapısı açık, alnı açık olmak cömertliğin temel prensibidir.

CS: Efendim ne güzel söylediniz. Sofrası açık olan Halil İbrâhim'e Allah dostum, demiş. Demek ki, vermeyi sevdiği için Hazreti İbrâhim Allah'a dost seviyesine yükselmiş. Hatta bir keresinde evine bir misafir dâvet etmiş, çünkü o, sofrasına hiç misafirsiz oturmamış bir sultan. Fakat adam, ben ateistim, istersen beni kov, deyince; evet, git istersen, demiş. O sırada Allah'tan nidâ gelmiş: Ben o kulumun beni bilmediğini bildiğim halde ona kulum demekten vazgeçmedim, sen nasıl benim yarattığım bir varlığı sofrandan kovarsın? İşte Allah'ın cömertliği bu kadar büyük. Allah bize de ona benzemeyi…

NS: Sonsuz ihsanı ve cömertliğiyle bize örnek olan Allah'a yakınlaşmak için biz de bir nebze, bir adım atalım ki, O bize zâten on adım geliyor o zaman.

CS: Kesinlikle efendim. Haklısınız!.

NS: İnşallah efendim. Evet. Peygamberimiz zâten onun için: "Kıyâmet gününde dirilecek olan, karşılığı iyiden iyiye bilen, bir verdiğine karşılık on verileceğine inanan, her cömertliğini türlü türlü arttırandır", diyor. Ne kadar güzel söylemiş.

CS: Ne güzel! Eğer nefsimizin arzu ve isteklerini verirsek direk Allah kendini veriyor bize. Bundan daha güzel bir şey olabilir mi? Kendini vermek de cemâlini görmeyi nasip etmek demektir. Allah nasip etsin!

NS: İnşallah hepimize onu nasip etsin. Evet, bugün de sonuna geldik cömertlik sohbetimizin. "Cömertlik ümit ve neşe getirir, cimrilik de kasâvet."

GÖSTERİŞ

NS: Mesnevî Okumaları'ndan merhabalar efendim. Yine *Mesnevî-i Şerif*'le baş başa onun hikâyeleriyle birlikteyiz. Bugün konumuz 'gösteriş'. Çok yakın bir konu değil mi? Günümüzün en büyük sorunu. Gösteriş internetten evinize giriyor ve hemen oradan gösteriş, dışarıdan gösteriş, her yerde, her an, kocaman arabalar, evler, her şey gösteriş üzerine kurulu. O yüzden çok anlamlı bir bölüm var:

"Gösterişten uzak dur, kendini gizle"

Tane olursan seni kuşlar devşirirler, yerler. Gonca olursan seni çocuklar koparırlar.

Taneyi gizle, tamamıyla tuzak ol, tuzaktaki tane gibi görün. Goncanı sakla, kendini damda bitmiş bir ot gibi göster.

Kim güzelliğini mezata çıkarırsa, şöhret peşinde koşarsa, başına yüzlerce belâ gelir, yüzlerce kötü kazâ yüz gösterir.

Kıskançlıklar, öfkeler, kötü sözler, kötü gözler tulumlardan boşalan sular gibi meşhur olan kimsenin başına boşalır.

Düşmanları kıskançlıkla onu yaralar, yırtıp parçalarlar. Dostları ise ihtiyaçları yüzünden onun başını ağrıtıp dururlar.

Bahar vakti ekin ekmesini bilmeyen gafil kişi, bu zamanın değerini anlar mı?

Allah'ın lûtfuna kaçmalı, O'na sığınmalı, çünkü O, ruhlara binlerce lûtufta bulunmuştur. Allah'ın lûtfuna sığındığın zaman öyle bir sığınak bulmuş olursun ki, su ve ateş emrine girer, senin askerin olur.

Deniz, Nûh ve Mûsâ *(a.s.)*'lara dost olmadı mı? Onların düşmanlarını hiddet ve kinle kahretmedi mi?

Ateş, Hazreti İbrâhim'e kale olmadı mı? Bu yüzden Nemrut'un gönlünden üzüntü ve başarısızlık ahları çıkarmadı mı?

Dağ, Yahya *(a.s.)*'ı kendi yanında çağırmadı mı? Ona kastedenlerin başlarına taşlar yağdırıp, onları kovmadı mı?

Dağ, Yahya *(a.s.)*'a, 'Ey Yahya, gel bana kaç, kaç da seni keskin kılıçlardan kurtarayım, sana sığınak olayım.' demedi mi?" [13]

Halkın bir kişiyi büyük görmesinin veya parmakla göstermesinin kötülüğü üzerine birçok hikâye vardır *Mesnevî*'de. Cemâlnur hanımcım günümüzün en büyük sorunlarından biri: Bir kişi bile bir mikrofon alıp kendisine kamera koyup gösterişini yapmaya çalışırken, gösterişten nasıl uzak duracağız?

CS: Çünkü biz kendimizi ispat etmek için Allah'a olan yakınlığımızı ya da Allah'la ilişkili ilmimizi kullanmak yerine maddî değerlerimizi ön plana çıkarıyoruz. Zannediyoruz ki, insanlar bizi öyle sevecekler, öyle değer verecekler; yani arabamızla, evimizle, maddemizle. Fakat en fecisi, gösterişin en kötüsü, yaptığı iyiliği herkese anlatan insandır. Ne kadar enteresandır, Hazreti Ömer devrinde, sizin okuduğunuz bölümle de çok ilişkili, gene *Mesnevî*'de bir hikâye var: "Muazzam bir yangın çıkmış. Yangın her tarafı kavurmuş, tutmuş, Mescid-i Nebevî'ye yaklaşınca durmuş. Herkes şaşkın bir vaziyette bunun hakîkatini

13 Şefik Can, *Mesnevî Tercümesi*, Ötüken Neşriyat, İstanbul:2003, C. 1-2, s. 128 beyit 1833-1844;
Ken'an Rifâî, *Mesnevî-i Şerif*, Kubbealtı Neşriyatı, İstanbul:2000, s. 258 beyit 1859-1870

Hazreti Ömer'e sormuşlar. Hazreti Ömer demiş ki, ateş, Allah'ın 'Kahhar' ismidir. Kahredicidir, neden acaba, düşünmediniz mi? Sizi yaktı da Peygamber Efendimiz'e gelince söndü? Çünkü siz fakire fukaraya hasislik ettiniz, hiç kimseye bir şey vermediniz. İnsanlar demişler ki, yanılıyorsun ya Ömer, biz halka dağıtıyoruz. Ama dağıtırken gösteriyorsunuz, gösteriş yaparak dağıtıyorsunuz, Allah bundan hoşlanmaz. Yani siz halka hoş görünmek için dağıtıyorsunuz, Hak'ka hoş görünmek için değil. İşte gösteriş Hak'kı değil de, halkı memnun etmek için hareket etmektir. İnsanı felâkete götürür. Çünkü ne yaparsanız yapın, halkı memnun etmezsiniz.

NS: O yüzden gizlenin, diyor. Gösterişten kaçının.

CS: Kesinlikle. Ehli Beyt'in, Oniki İmam'ın hepsinin mübârek vefatlarından sonra sırtlarında morluklar görmüşler. Araştırdıklarında, gece yarısı kimse görmeden fakire eşya taşıdıklarını, o yüzden de mübârek sırtlarının mosmor olduğunu ve kimsenin de bunu bilmediğini anlamışlar. Hazreti Mevlânâ, 'sağ elin verdiğinden sol elin haberi olmamalı', diyor. Öyleyse ne yaptıklarımızı, ne halimizi gösteriş haline getirmemeliyiz. Zâten ne güzel sözdür Hazreti Pîr'in *'Ya olduğun gibi gözük ya da gözüktüğün gibi ol.'*

NS: Günümüzde çok gerekli olan, en çok anlaşılması gereken sözler.

CS: Ne kadar doğru söylediniz. Bugün biz kendimizi, maalesef özellikle gençlerimiz markalarla var zannediyor. Ben giymeye karşı olduğum için değil ama, sırf onu giydiğimiz için sevileceğimizi, beğenileceğimizi, hürmet göreceğimizi zannediyorlar. Halbuki insanın güzelliği maddî değildir, şeklî değildir.

NS: Yani giydiğinizi bile aslında iç güzelliğiniz güzelleştirir. Çünkü gülen bir yüz, o elbiseyi de güzel hâle getirir.

CS: Değerli kılar.

NS: Değerli kılar, ama asık bir surat, öfkeli bir insan, küfür eden bir adam ne giyerse giysin, hiçbir marka bir süre sonra gözümüzde kalmıyor.

CS: Ne kadar güzel söylediniz. Aynı zamanda eğer insan çok zenginse, zenginliğini örtmekle vazifelidir. Çok sıhhat içindeyse, hastaya karşı sıhhatini örtmekle vazifelidir. Yani kendisini diğerlerinden farklı gösterecek özelliklerle ortaya çıkmak, aslında Allah'ın en hoşlanmadığı haslettir bu. Ben senden üstünüm, çünkü bende şu özellik var, demeye benzer. Onun için bunlara çok dikkat etmek gerek.

NS: Ve bizim kültürümüzde, çocukken bile yaşayan bir kültür bu, binlerce yıllık kültürümüzde hep gizlenirdi, zenginle fakir aynı mahallede oturur, birbirinden rahatsız olmaz, birbirine gizlice yardım eder ve birbiriyle dayanışırdı ve göstermek, en büyük arabayı alıp kendimi göstereyim, en büyük evi alayım diye düşünülmez, tam tersine mütevâzı olmak çocukluktan itibaren insanlara aşılanırdı. Şimdi, bunun tersi galiba yaşanıyor.

CS: Efendim, hatta büyüklerimizden aldığımız terbiyede, bu konuda o kadar dikkatliler ki; mesela ben ailemin lokantada çok fazla dışarıda oturmadığını, önünden gelen geçenin görerek rahatsız olacağını hissettikleri için genelde daha kuytu köşelerde oturduklarını biliyorum. Halbuki şimdi televizyonlar yemek reklamlarıyla dolu. Yiyemeyen kaç kişinin o televizyonu izlediği düşünülürse, ne kadar büyük bir gösteriş içinde yaşıyoruz. Beni tir tir titreten bir başka şey, Hazreti Ahmed er- Rifâî'nin Irak halkına seslenişidir. Peygamber Efendimiz'in Oniki İmam'dan sonra dördüncü göbek torunu olması hasebiyle Ahmed er- Rifâî Hazretleri o devirde Irak halkına, "Ey hasis, cimri ve gösteriş ehli Irak halkı, göreceksiniz ki, soyunuz sopunuz, çocuklarınız sıkıntı çekecek", diyor. Bugün Irak'ın çektiklerine bakılırsa demek ki, bizim yaptığımız gösterişler, çoluğumuzun çocuğumuzun dahi sıkıntıya düşmesine sebebiyet veriyor. Öyleyse neden acaba mânevî değerlerimizi ortaya çıkarmak yerine, elbiselerimizin güzelliğiyle yıldız alarak mecmualara geçiyoruz, değil mi efendim?

NS: Elbette bundan da şu anlaşılmasın, sizin dediğiniz gibi, yani kötü giyinin, göze batmayın, en kötü şeylerle yaşayın, onları yiyin demek, değil bu. Her şeyi belli bir âdap ve edep içinde ve belli bir sınırda yapabilmek, gerektiği zaman da o mütevâzilikle geri çekilebilmek anlamında söylüyorsunuz.

CS: Ne kadar güzel söylediniz. Aslında öyle bir şey olsaydı, sizle biz bu halde burada olmazdık. Bu Allah'a şükürdür. Yani Allah için giyinmek, Allah için kendisindeki değeri ortaya çıkarmak Allah'a şükürdür. Fakat gel gör ki, bunu gösteriş vasıtası haline getirmek, benim var, senin yok, demek, işte yahut hiç alamayacak olanların karşısına en güzel elbiselerle çıkmak. Mesela, fakirlere yardıma giderken ciplerle gitmek, o fakiri kırar, üzer. Hiçbir zaman sahip olamayacağın bir arabayı görmenin negatif enerjisini de o hayır sahibine yükler, değil mi efendim?

NS: Hatta gençlere de öfke, saldırganlık duyguları da veriyor, hırsızlığı teşvik ediyor. Çünkü onda çok var nasılsa, ben alsam bir şey olmaz, diye düşünüyor.

CS: Evet! Maalesef böyle bir durum da var. Halbuki biz, hak hukuk olarak Allah'a sorumlu olduğumuz, O da bizi her an gördüğü için, ne kadar az malımız olursa, ne kadar fakir olursak, yani buradaki fakirlik hiçbir şeyimizin olmaması demek değil, o olan şeylerin de bize ait olmadığını hissetmek, *'Fakr iftiharımdır'* diyen Hazreti Peygamber'e o ölçüde tâbiî olmaktır.

NS: Yani varlığımın içinde o varlığın tabii farkında olmak, ama o varlığı sonuna kadar gösteriş için harcamak yerine hayırlı işler için ve Allah yolunda harcamayı başarabilmek ve bu yolda hayırlı aile, evlat, çevre yetiştirebilmek için de bize ihsan edilmiş zenginliği vermeyi, o cömertliği gösterebilmektir zâten.

CS: Ne kadar güzel söylediniz. Böyle bir hikâye vardır: "Bir mürit, mürşidine hangi âlim daha makul, mübârektir, diye sorar. Mürşidi de git, der. Bir kulübede yaşayan adama de ki, dünyayı kalbinden, içinden çıkart; sarayda yaşayana da de ki, duâsını niyaz ediyorum. Mürit çok şaşırır, hangi dünya, der. Çünkü adam kulübede yaşamaktadır. O kulübede yaşayan adam der ki; içini şaşırtma evlâdım, burada yaşıyorum, kendimi buraya tıktım, ama hâlâ içimde dünya zevkleri dolu. Ancak öbür tarafta sarayın içinde yaşayan adam mübârektir, o da der ki, yavrum biz bu zenginliğin içindeyiz, ama hiçbiri bizim değil, 'geç' derler bir dakikada geçeriz. İşte her şeyin sahibi olup, hiçbir şeyi kendine atfetmeyen insan…

NS: Yani eskilerin dediği göz tokluğu. Gözümüzü tok tutmak, evet bunlar var, ama çok şükür Allahım'a, bize ait değil, gerektiğinde ihtiyacı olana da veririm, gerektiğinde hayırlı başka bir şey için de kullanırım. Önemli olan benim bununla övünmem değil, eğer iyi bir insan olabilirsem, Mevlânâ'nın 'Göründüğün gibi ol, olduğun gibi görün'ü yapabilirsem ne âlâ!

CS: Demek ki, ne mutlu o zengine ki, kendine ait her şeyi başkasıyla paylaşabiliyor ve bunu yaparken de verirmiş gibi değil de, sanki ondan bir lûtfa uğramış gibi malını mülkünü fedâ edebiliyor. Ne mutlu o fakire ki, tahammül etmeyi biliyor ve Allah'ına her an şükür ediyor. İşte hakîki gösterişten uzak olmak budur bence efendim.

NS: Evet, çok doğru. Gösteriş dediğimiz zaman bugünün dünyasındaki gösterişten başka, güzelliğini göstermek de çok ön planda. Devamlı güzel olduğunu göstermek, güzelliğiyle bir şeylere sahip olmak.

Halbuki güzellik de mal mülk gibi, elbette güzel insanı herkes sever, hepimiz severiz, ama güzelliğimiz bir gösteriş aracı değildir.

CS: Yüzü sirke satan bir güzelliğin ne faydası olur ki, değil mi? Kendini güzel bulduğu için kibirlenen bir insanın kim yanında durmak ister? Güzellik bir saniye sonra geçer, hatta ufacık bir sebeple, yüzünde bir sivilceyle bile güzellik geçer, ama kalıcı ve bâkî olan gönül güzelliğidir ki, işte o varsa zâten insan gösterişten uzak durur. Çünkü o insanı Allah'a yaklaştıran en büyük sebeptir efendim.

NS: Evet, o içimizdeki nûru da dışarı verebilmek. O nurla nurlanmayı Allah bize nasip etsin, diyelim Cemâlnur Hanımcım.

CS: Âmin efendim!

NS: Evet, bugünkü konumuz gösterişti. "Gösteriş yapan kötülüğü dâvet eder" diyelim, vesselâm.

HELÂL, HARAM

NS: Mesnevî Okumaları'ndan hepinize merhaba efendim. Yine *Mesnevî-i Şerif*'ten yeni bir hikâyeyle karşınızdayız. Bugün konumuz 'helâl lokma'; hikâyemizin adı da:

"Can çocuğunu şeytan sütünden kes."

Önce can çocuğunu şeytan sütünden kes de sonra onu meleklere arkadaş et.

Sen karanlık duygular içinde bulundukça hayattan usanmış, bıkmış, melûl ve bulanık halde oldukça bil ki, lânetlenmiş şeytanın kardeşisin.

İnsanın nûrunu, kemâlini artıran lokma helâl kazanç ile elde edilen lokmadır.

Haram lokma ise kandilimize konunca, kandili söndüren yağa benzer. Sen ona yağ değil su adını koy, çünkü ışığımızı söndürüyor.

Bilgi de, hikmet de helâl lokmadan doğar, aşkla merhamet de helâl lokmadan meydana gelir. Bir lokmadan haset, hile doğarsa bilgisizlik, gaflet meydana gelirse, sen o lokmanın haram olduğunu bil.

Hiç buğdayını ektin de arpa çıktığını gördün mü? Hiç atın eşek yavrusu doğurduğu görülmüş müdür?

Lokma tohumdur. Düşünceler onun mahsulüdür. Lokma denizdir, incileri fikirlerdir.

Ağıza alınan helâl lokmadan, Allah'a hizmet ve öteki âleme gitme arzusu doğar. [14]

Allah helâl lokma nasip etsin hepimize diyelim Cemâlnur hanımcım.

CS: Âmin efendim! Bu âlemde aslında iki tane büyük günah var, diyor Allah. Diğer bütün günahları rahmet ve rahman sıfatıyla affederim, buyuruyor. Bir tanesi kulunun hakkını yemek, çünkü haramın içine kul hakkı yemek giriyor. Yani Allah'ın benim ailem dedi-

14 Şefik Can, *Mesnevî Tercümesi*, Ötüken Neşriyat, İstanbul:2003, C. 1-2, s. 120 beyit 1640-1648;
Ken'an Rifâî, *Mesnevî-i Şerif*, Kubbealtı Neşriyatı, İstanbul:2000, s. 227 beyit 1666-1674

ği insanlığın hakkını yemek haramdır. Öyleyse yaptığımız işte Allah'ın bizi her an gördüğünü idrak ederek hareket etmek, insanı helâle götürür ama başkasına yaranmak ya da kendimizi, nefsimizi memnun etmek için çalmak, çırpmak, hakkımız olmayana Allah'ın istemediği şeylere el uzatmak, yasakladığı şeyleri yapmanın adına da haram denir. Hazreti Mevlânâ bizi kuvvetle uyarıyor. Diyor ki, haram yediğiniz zaman içinizde muazzam bir sıkıntı başlar ve sizden hiçbir güzellik zuhur etmez, artık haramın getirdiği bereket olamaz. Çok para kazanırsın, bereketi olmaz. Para kazanırsın, hastalığa gider, evlâdının sıkıntısına gider.

NS: Yalansız da olmaz zâten bu, değil mi? Yani yalan da işin içine girdiği için yalan söyleyerek sonuçta hakkımız olmayan şeylere el uzatırız veya mevkiimizi, statümüzü, koltuğumuzu kullanarak onun haramından yararlanırız. Devletin verdiği gücü cebimiz doysun diye kullanmak, bunların hepsi elbette ki, haram lokma herhalde.

CS: Ben birçok hâdiseye şâhit oldum, mesela başkasının canını yakarak para elde eden insanın o gece o parayı kumara harcadığını gördüm ve beş kuruşu kalmadan öldü. Gene başkasının canını yakarak para elde eden insanın, bir hafta sonra hastalandığını ve bütün parasını ölene kadar hastalığına harcadığını gördüm.

NS: Yani halkın "Hayy'dan gelen Hû'ya gider", dedikleri galiba bu.

CS: Kesinlikle böyle olur efendim. Eğer negatif bir netice vermiyorsa, Allah bu âlemde değil, öbür âlemde onu cezalandıracaktır ki, bu daha korkunç bir şeydir. Gene bir keresinde bir arabaya binmiştim, o taksiyi hayatım boyunca unutmayacağım. Şoförümüz biraz üzüntülüydü, yarı gülerek, yarı üzülerek bana şunu anlattı: "Ablacığım dedi, demin bir beyefendi bindi arabaya, benim uzun yoldan geldiğimi söyleyerek, parasını vermeden indi. Ben ona şükrediyordum. Neden şükrediyorsun, hakkını yemiş, dedim. Ama dedi, o lânetleyerek bana para verecekti ve o para bana haram olacaktı, ya arabanın kazâsına harcayacaktım ya hastalığıma. Hak etmediğim bir şeyi, istemeden verilen bir şeyi almak bana haramdır." Ne güzel insanlarımız var.

NS: Gerçek bir müminmiş, gerçekten.

CS: Ne güzel insanlarımız var. O halde iş para kazanmak değil, iş bereket kazanmak.

NS: Bir de haram deyince, sırf para da değil. Zâten o öyle, ama onun dışında yeme, içme, bilgi. Bilginin de çok üstünde durulması gerekir.

CS: Ne kadar doğru söylüyorsunuz. Bir de başkasının malına göz uzatmak, mesela başkasının eşine göz dikmek, hâşâ, başkasına ait olanın elindekini almak için hareket etmek, çok büyük haramdır. Allah korusun!

NS: Eskiden insanlar, erkekler, mahallede başlarını kaldırıp bakmazlardı; yanlış anlaşılır, komşu kızlara herhangi bir söz olur diyerek. Şimdi maalesef başkasının eşini almak gayet doğalmış gibi yazılıyor, çiziliyor. Kötü örnek oluşturuyor.

CS: Çünkü Allah'ın bizi gördüğünün farkında değiliz. Bütün problem buradan doğuyor. Halbuki O, her an bizi görüyor ve sanki biz kulu atlattığımız zaman, o işten kurtulduğumuzu zannediyoruz.

NS: Gizlice yaptık, kimse görmedi, diyoruz.

CS: Ne kadar güzel söylediniz, ama bu dünya hiç de öyle gitmiyor. Çünkü program bize ait değil. Hatta mânâ ehli Allah'a der ki, Allah'ım sen bana haramını yasakladın, ben helâlinden de el çektim. Yani beni senden uzaklaştıracak her şey; sen şeklen onu helâl kılsan dahi bana haramdır. Ay ne kadar güzel bir şey!

NS: Çok! Çok doğru.

CS: Mesela diyelim ki, Allah korusun, işte sigara gibi, bırakın içkiyi, uyuşturucuyu sigara dahi beyni uyuşturması hasebiyle diriliği engeller. Dolayısıyla şeklen haram olmasa dahi beyni uyuşturması hasebiyle bizi Allah'tan uzak tutar.

NS: Aslında bunların hepsi uyuşturucu diye genel adıyla…

CS: *"Küllü müskülün haram"*, diyor.

NS: Evet, bir de o uyuşturucu bizim duygularımızı da uyuşturuyor, iyi niyetlerimizi de uyuşturuyor. Öfkelerimizi, kızgınlıkları yaşamamızı da engelliyor. Aslında onları belli bir âdap içinde, kendi içinde yaşamamız doğaldır. O doğalı da engellemiş oluyor.

CS: Ne kadar güzel söylediniz. Aslına bakarsanız, ben bir kimya eğitimi görmüş kişi olarak, dînin ne kadar insanı korumaya aldığını âciz ilmimle idrak edebiliyorum.

NS: Estağfurullah.

CS: Zîra bugün ilim sahibi herkesin, kendi evlâdını düşünerek, insanı uyuşturan bütün maddelerden uzak tutması lâzım. Çünkü görüyoruz ki, günümüzde karı koca kavgalarından tutun, trafik kazalarında yüzde doksan sebep olan şeyler, uyuşturucu maddelerdir. O halde biz eğer gerçekten insansak, insanı bozacak olan her tehlikeli maddeden uzak durmak zorundayız.

NS: Zâten içimizde birçok kirli duygu var, hasetler, kıskançlıklar, gafletler, işte hasislikler, son derece açgözlü olmak, bir yığın duygumuz var. Bunlardan kurtulmayı da engelliyor aslında.

CS: Ne güzel! Aslında tabii buyurduğunuz gibi bizde irâde olmadığı için, Allah'ın irâde sıfatını giymediğimiz için bu sıkıntıları yaşıyoruz. Hocama birisi gelmiş, demiş ki, sigara içmedikten sonra yaşamanın ne kıymeti var? Hocam da demişler ki, demek ki, seni yaşatan sadece sigara. O halde senin irâden ne kadar zayıf, sen ne kadar idraksiz bir halin içindesin? Yani şunu söylemeye çalışıyorlar ki, bize zarar verebilecek her şeyi yenebilmek Allah'la irtibatı arttırır. Üstelik burada namazın da fazîletlerinden bahsetmek isterim. Allahu Azîmuşşân, Peygamber'in vasıtasıyla şunu söylüyor ki, namaz kılmak insanı haramdan uzak tutar. Ama demek ki, biz lâyıkıyla kılamıyoruz. Yani horoz gibi eğilip kalkmak değil…

NS: Evet, şekli değil.

CS: Kesinlikle, aşka yolculuk şeklinde kılınan namaz, yani sonu mîraçla biten, Allah'ın cemâlini görmekle biten namaz, insanı gerçekten Allah'tan uzaklaştıracak her türlü tehlikeden uzak tutuyor. Oruç da âdetleri yıkması hasebiyle, mesela sigaraya çok alışkın olan bir insan bile bir ay boyunca ondan uzak durarak Allah'ına, ben onu aslında becerebilirim, imajını yaratıyor. Geri kalanı da Allah yapar inşallah, ömür boyu uzaklaştırır.

NS: Aslında Ramazan ayı bütün kötü huylarımızdan, oburluktan tutun da sigara, içki ve bizim gerek duygu olarak, huy olarak, gerekse dışarıdan elde ettiğimiz birçok kötü huydan vazgeçmemiz için bir vesile oluyor.

CS: Ne güzel söylediniz. Aslında mutasavvıflar insana hep şu telkinde bulunurlar: "Az ye, az uyu." Tabii burada 'az ye'den maksat yemeyi azaltmak değil, nefsini az besle, her istediğini verme, her istediğini alma, haram olana el uzattırma; 'az uyu'dan maksat gaflette olma, yani Allah'tan uzak, uykuda olma, ölü olma. Ne kadar çok severim, bir hadîs-i şerif vardır, der ki, *"Sadaka verenin ömrü uzar"*. Peygamber Efendimiz böyle buyurmuşlar. Halbuki biz kesin biliyoruz ki, ömür kaderde belirlenmiştir. Ne demek istiyor Peygamber? Sen ölü değil diri olduğun için, diri yaşadığın için o ömrü uzun yaşıyorsun, idrak ederek yaşıyorsun. Öyleyse ölü yaşamak yerine diri olmak varken, Allah'la irtibat varken gaflette olmayı Allah bize yasaklamıştır.

NS: Sadaka verdiğimizde başkasına iyilik ettiğimizi zannediyoruz, sadaka verdik, ona iyilik yaptık ama bunların hepsi kendimize yaptığımız iyilikler.

CS: Ne kadar güzel söylediniz. Hatta babacığım çok rahatsızdı, hocam bize teşrif etmişlerdi. Babam babaannesini felçliyken sırtında taşımış, şimdi de o rahatsızken biz de ağzına besliyorduk. Dediler ki, bu etme bulma dünyasıdır. Felçli babaanneyi taşımak bugün evlatları tarafından beslenmeyi getirir. Ne güzel bir örnek! Demek ki, ne yaparsak kendimize yapıyoruz, neyi güzel yaparsak, Allah'la irtibatımız artıyor. Onun için bize el uzatanın elini bırakıp, ayağını öpmeyi Allah bize nasip etsin inşallah efendim!

NS: İnşallah efendim. *Mesnevî*'de diyor ya bize, gül dikersen gül biter, eğer devedikeni ekersen devedikeni biter. Yani ne ektiğimiz çok önemli. Bugün annesini, babasını aramayan, yakınlarını aramayan, sadece kendi gençlik heyecanı olarak hayatımı yaşayayım, hiç kimseyle maddî mânevî bir şey paylaşmayayım diyen, yarın öbür gün kendi ihtiyacı olduğu zaman da yanında kimseyi bulamayacak.

CS: Ne güzel söylediniz, ama biz öyle düşünmüyoruz; kurtulduk bakmaktan, diyoruz. Sırtımızdan attık, diyoruz. Halbuki o içimize huzuru verenin hâdiseler değil, Allah olduğunu unutuyoruz. Büyüğe bakmak, büyüğe hürmet etmek, beni dünyaya getirip Allah'ı sevmeme fırsat veren anama, babama hürmet etmekten Allah indinde daha kıymetli bir şey olabilir mi? Onun için Allah hepimize hizmet etmeyi, 'fi sebilullah', karşılıksız hizmet etmenin zevkini nasip etsin.

NS: Âmin! Ama şimdi insanlar, ben senin hizmetçin miyim, niye ben getireceğim, onu yapmam, diyor. Hatta görevi hizmet sektöründe olan bile bu işe parasıyla bile katlanılmayacak bir şeymiş gibi davranıyor.

CS: Kula yaranmak diye bir derdimiz var da onun için efendim. Kula yaranacağız yahut nefsimizi hoş edeceğiz. Geçen gün birisi bana ne yapsam kula yaranamıyorum, dedi; ben de Allah'a yaran, yeter, dedim. Asıl mesele Allah'ı memnun etmektir.

NS: Evet, gerçekten Cemâlnur hanımcım ağzınıza sağlık! Bugün de "Allah'a yaranmamız için helâl lokmayı arayalım, haram lokmadan da uzak duralım", diyoruz.

HASTALIK

NS: Mesnevî Okumaları'ndan hepinize merhabalar efendim. *Mesnevî-i Şerif*te yeni bir hikâyeyle yine sizlerle birlikteyiz. Bugünkü konumuz hayatımızın her anında olan ve ne zaman geleceğini bilmediğimiz hastalıklar. Evet, 'hastalıklar, içinde merhametler bulunan bir hazinedir', dediği bölüm:

Bu bizi kökümüzden söküp atan gamlar, ümitsizlikler ömrümüzün orağıdır. Bu böyle oldu, şu şöyle oldu demeler, böyle düşünmeler şeytanın gönlümüze düşürdüğü vesveseler, kuruntulardır.

Bilmiş ol ki, her hastalık ölümden bir parçadır. Eğer yolunu bulursan, ölümün bu parçasını, bu cüzünü kendinden sür, çıkar, at gitsin.

Mademki, ölümün bir cüzünden kaçamıyorsun; bil ki hepsini de bir gün başından aşağı dökeceklerdir.

Yok, ölümün cüzü sana tatlı geliyorsa, bilmiş ol ki, Allah hepsini, tamamını da sana tatlılaştırır.

Dertler, hastalıklar ölümden gelen elçilerdir. Ey olmayacak şeylerle uğraşan kişi, ölümün elçilerinden yüz çevirme, onlarla iyi geçin ki, ölüme de alışmış olasın.

Bolluk içinde tatlı bir ömür sürenin ölümü acı olur. Çünkü alışılmış şeylerden ayrılması güç olur. Bedenine tapan, yani nefsinin her arzusunu yerine getiren, canını kurtaramaz.

Koyunları şehirlere kırdan sürer, getirirler. Hangisi daha semizse tutar, onu keserler.

Genç iken daha kanaatlı idin, önce, altın gibi kıymetli ve sevimli idin; ihtiyarlayınca, altınlığını terk ettin de, altın isteğine düştün.

Sen, üzümlerle dolu bir asma idin. Nasıl oldu da üzümlerin döküldü? Nasıl oldu da, meyvelerin olacağı bir zamanda bozulup gittin, kuruyup, çürüdün?

Ben, kuvvetli bir îmanla, Rab'bime olan sonsuz güvenimle, kanaat yoluna düşmüşüm de, bana verileni yeter buluyorum. Sen ne diye kötülük tarafına gider de, halinden şikâyet eder durursun?"[15]

---

15 Şefik Can, *Mesnevî Tercümesi*, Ötüken Neşriyat, İstanbul:2003, C. 1-2, s. 158 beyit 2297-2303, 2305-2306, 2311;
Ken'an Rifâî, *Mesnevî-i Şerif*, Kubbealtı Neşriyatı, İstanbul:2000, s. 332 beyit 2334-2340, 2342-2343, 2350

CS: Ay ne kadar güzel bir bölüm! Benim aklıma *Mesnevî*'den bir cümle geldi, çok tir tir titreyerek okumuştum. Firavun bir kere bile Allah demesin diye Allah ona baş ağrısı bile vermemiş. Demek ki, hastalıksız ve sıkıntısız yaşamak, firavun olmakla eşdeğerdir. Hastalık ve sıkıntılar ise insanı tekâmül ettirten en güzel şeylerdir.

NS: Yandım, Allah! dediğiniz zaman.

CS: Evet, çünkü bir hadîs-i şerif var, diyor ki, *"Gecenin son üçte birinde Allah gönüllere tecellî eder, yeter ki seni evde bulsun"*. Şimdi, ne kadar enteresandır, gece sıkıntıdır. Sıkıntının, hastalığın son üçte birinde, yani sıkıntının en arttığı yerde, Allah bizimle bir ve beraberdir. Bunu ateist bile hisseder. Bir şoför ahbabımız anlatmıştı, bir yaşlı ateist yazarımız, bir televizyon programına katılmış, program uzayıp sabaha kadar orada kalınca, tuvalete gidememiş ve şişmiş, muazzam bir sancı içinde hastaneye zor yetiştirmişler. Yolda demiş ki, oğlum biraz daha sancı çekersem, neredeyse Allah diyeceğim. Düşünün, ateiste bile Allah dedirten bir lûtuftur hastalık. Hocam Ken'an er- Rifâî annemle konuşurlarken, çok hastalar, öksürüyorlar. Annem de diyor ki, efendim bir duâ buyursanız da hastalığınız biraz azalsa, biz de sizden daha çok faydalanabilsek, onun üzerine diyorlar ki: Aman Yarabbi! Allah'ımın gönderdiği misafirden şikâyet mi edeyim? Öyleyse hastalığı Allah'ın misafiri kabul etmekten daha güzel bir şey olabilir mi? Teyzem kanser ameliyatı geçirecek, aslında sizin yanınızda da bu konuları konuşmak edepsizlik...

NS: Estağfurullah!

CS: Hakîkaten *Mesnevî*'nin bu bölümünü çok güzel uygulamış bir insansınız. Annem büyük bir telaş içerisinde kendisini görmeye ve ne vaziyette bulacak diye merak içinde gidiyor, acaba hastalık onu Allah'a yaklaştırdı mı, uzaklaştırdı mı diye. Teyzemi elinde *Mesnevî* ve daha önce de bahsettiğimiz hikâyeyi okurken bulmuşlar. Nohut acıyla kaynar sudan dışarıya doğru zıplar, fakat aşçıbaşı olan öğretmen onun başına vurur ki, iyice haşlansın ve iyi pişsin ve insana karışsın, diye. Öyleyse diyor teyzem, ben de haşlanayım ve iyi pişeyim diye Allah bu hastalığı nasip etti. Görüyorsunuz ya insan, hastalıkları, sıkıntı ve belâyı nasıl algılıyorsa, kendi odur.

NS: Evet, algılama çok önemli gerçekten Cemâlnur hanım. Genelde insanlar şöyle diyor günümüzde, ben o kadar mahzun ve o kadar şanssız bir insanım ki, bütün belâlar, dertler, kötülükler, hastalıklar beni bulur. Bir tek onun başına gelen bir şeymiş gibi zannediyor.

CS: Çok doğru. Hatta efendim, bu büyük depremden sonra Adapazarı'nda yetmişbeş tane çadıra bir sene bakmak Allah'ın büyük lûtfu olarak grubumuza nasip oldu. Çok enteresan vakalarla karşılaştık. Bir seferinde bir çadıra gittik, naylon yatak vereceğiz, ıslanmasın diye. Kadıncağız bütün evlatlarını kaybetmiş, kimsesi kalmamış, malı mülkü gitmiş. Bana dedi ki, ben bir tek seccade istiyorum. Allah'ıma şükretmek için seccadeye ihtiyacım var. İki çadır ötesinde, kadın getirdiğimiz yatağı yüzümüze attı, yani aynı hâdise bir insanı celâle, öbürünü cemâle çeviriyor. Görüyorsunuz ya her halükârda Allah'tan memnun olma zevkini kazanan hep pozitif, hep cennette.

NS: Evet, böylece hayatı da hep o olumlu, o pozitif haliyle yaşıyor zâten ve hastalığı da kendi sadece bireysel hâli değil, bütün insanların da yaşayabileceği, yardım edebileceği, hizmet için bir vesile ve neticesinde Allah'a yakınlaşmak bir vesile haline getiriyor.

CS: Ne kadar güzel söylediniz. Kur'ân-ı Kerim hocam annem yüz zonası olduğunda, onu ziyarete gelmişti, çok ağır bir hastalık yüz zonası. Uzun süre bir arada oturdular, sohbet ettiler: Çıkarken hocam bana, acaba hangimiz hastayız, onu bilemedim, dedi. Görüyoruz ki, şeklî hastalıklar Allah korusun ruhânî hastalıklara göre çok büyük lûtuftur. Ama ruhsal hastalıklar, daha doğrusu rûhun hastalığı olmaz, nefsin hastalığı olur. Nefsânî hastalıklar insanı hakîkaten perişan eder.

NS: Nefsin talepleri veya hastalıkları da var. Yani aşırı kıskanç olmamız, aşırı saplantı hâlinde sabit fikirli dediğimiz şekilde kalmamız. Bunlar da bedende hastalık oluyor zâten.

CS: Ne güzel söylediniz. Mesela taassup, en feci hastalıktır. Ben taassubu sadece şeklî taassup olarak almıyorum. İlmî taassuptan çok bîzar oluyoruz. Yani, 'benim dediğim doğrudur' demek, en büyük taassuptur. Çünkü hiçbirimiz hakîkati Allah gibi bilemeyiz. O zaman, ben böyle düşünüyorum efendim, ama belki siz de doğrusunuzdur, demek çok daha güzeldir. Ama taassup ehliyle konuşmak bile mümkün olmuyor, çünkü siz kendi fikrinizi dahi söyleyemiyorsunuz. O zaman, işte kafaları değiştirmek, o hastalıktan kurtarmak, kalıpları yıkmak lâzım ki, Allah'la irtibat artsın.

NS: Öyleyse ne anlayalım? Yani hep hastalığı illâ bizim bedenimize verilen bir hastalık değil de, rûhumuzun hastalıkları, zihnimizin hastalıklarının daha vahim sonuçları olarak beden hastalığı oluyor. Ama buyurduğunuz bilgi taassubu, yani 'benden başka bilenin olması imkânsız ve bir bilen olamaz' şeklindeki taassub yani, bilginin cehâlete dönüşmesi hem Allah'a hem kula uzaklık getiriyor galiba.

CS: Ne kadar güzel söylediniz. Öyleyse hakîki hastalık içimizdeki sıkıntılar, belâlardır. Onlar bile rahatsız ettiği için bizi, Allah'a doğru götürücü olabilir. Ben hep bahsederim cüce olan yeğenimin, hiçbir şeyden şikâyet etmeyen ve mutlu olan, o hârikulâde güzelliğini gördüğüm zaman, ona sanki cüceliğin lûtuf olduğunu hissettiğim zaman, şu hikâyesini de asla unutmam: "Üst kattaki komşusu gelip, otobüse bindiğini ve kendisini nasıl rahatsız ettiklerini anlatıp şikâyet etmiş. Uzun uzun dinledim demişti teyzemin kızı, sonra binebiliyorsun ya, şükret, ben ona bile binemiyorum", dediğini hatırlıyorum. O hiçbir şeyden şikâyet etmedi, görüyoruz ya, sıkıntı ve belâlar, hastalık zannettiğimiz şeyler birçok insana lûtuf olabiliyor, Allah'la irtibatını arttırabiliyor. Yeter ki, biz gaflet hastalığına düşmeyelim.

NS: Tutulmayalım ve rûhumuzu kaybetmeyelim. Çünkü rûhu kaybedersek geriye ceset kalıyor. Halbuki hastalık bize yeni bir pencere açabilir. Birçok olumsuz duygumuzu, nefsimizde, egomuzdaki açıklıkları bizim törpülememize neden olabilir. İyilikleri keşfediyoruz, kendi içimizdeki iyilikleri keşfetmek de hastalıkla birlikte mümkün. Kanserden sonra yeniden doğdum, diyen birçok insan var. O yeniden doğmayı sağlayan o hastalık lûtuf oluyor.

CS: Ne kadar güzel. En yakın öğrencilerimden bir tanesi bu sene kanseri atlattı. Allah'ıma bin şükür. Ona bakarak Allah'a olan sevgim bin kat arttı, çünkü onun teslimiyeti, üzülmeyişi, hastalığın üstesinden gelişi ne kadar güzel bir örnek. Demek ki, Allah irâde vasfıyla birini vasıflandırdığı zaman bütün sıkıntı ve belâlar sonbaharda ağaçların budanması gibi sadece zarar veren kısımları yok ediyor, fakat daha büyük fışkırmaya, daha büyük güzelliklere vesile ediyor.

NS: Daha gür bir şekilde yeniden çok şükür.

CS: Kesinlikle!

NS: Yani var olmanın güzelliğini herkese göstermek mümkün olabiliyor.

CS: Evet efendim. O yüzden sıkıntı ve belâ dediğimiz şeyler, *'belî'* dediğimizi ezel âleminde bize hatırlatmak üzere gelirler ne mutlu hatırlayanlara.

NS: Ve hastalıkta en çok söz edilen ve hastalığın getirdiği tepki, olumsuzluk da aslında ölüm korkusu. Ama hayatımızda doğduğumuzdan son ana kadar tek bir gerçek de ölüm gerçeği, çünkü değişmeyecek tek şey o.

CS: Nasıl korkulabilir ki? İnsanın bütün ömrü boyunca beklediği şey; bir parça ve cüz olanın bütüne kavuşmasıdır. Hazreti Mevlânâ, ölüm anına şeb-i aruz, düğün gecem, diyor. Başka bir yerde gelinin elini öpeceğim, diyor. Allah bu idraki hepimize nasip etsin, inşallah efendim.

NS: Âmin! Ölümden korkmak yerine, evet, bizim sonsuz olan rûhumuza kavuşmak, Allah'ın lûtfu olarak dünyaya geliyoruz, onun emriyle. Ölüm, Sevgili'ye kavuşma. Aslında burası bizim için uzak yurt.

CS: Kesinlikle, ama aynı zamanda da katiyetle ölümü istememek lâzım. Çünkü burada durduğumuz her an tekâmül için bir fırsattır. Yani daha fazlasını görebilmek, Allah'ı daha iyi görebilmek için yegâne fırsattır.

NS: Evet, kesinlikle. Yani ölümü istemek, intihar etmek, bunların hepsi, zâten yani dînen de câiz değil. İnsan olarak da bizi hep aşağıya çeken, hep olumsuza çeken ve günün deyimiyle, depresif yapan, depresyona götüren düşünceler.

CS: Ne güzel söylediniz. Çünkü ölüm, güneşin buradan batıp öbür taraftan doğmasıdır. İnsan mutsuz ölürse mutsuz dirilir ve mutluluk ona haram olur, ama mutlu ölürse Allah'ına kavuşur ve Cemâlullah'ı görür, cennet derdiyle de meşgul olmaz, ne mutlu o insana, diyoruz.

NS: O zaman ölümü düğün gecesi kabul etmeyi Allah bize ihtisas ettirsin ve onu kalbimize doğursun, diyelim.

CS: Âmin efendim! İnşallah! Ne güzel söylediniz.

NS: Evet, çok şükür, siz de çok güzel söylediniz ve böylece "Allah'a inanan kişi, belâlara uğrayınca, çırpınarak kaçmak yerine sabrederse, ne mutlu o kişiye."

SABIR

NS: Mesnevî Okumaları'ndan hepinize selâm olsun efendim. *Mesnevî*'mizden yine bir hikâyeyle birlikteyiz. Bu hikâye bugün sabır üzerine. Yani günümüzde en az bulunduğumuz hâl galiba.

"Sabır; gamdan kurtulmak için bir anahtardır."

Eğer tamamıyla zorluklara daldınsa, daralıp kaldınsa sabret. Çünkü sabır rahatlığın, genişliğin anahtarıdır.

Düşüncelerden sakın. İnsanın gönlü ormana benzer; ormanda aslan gibi, yaban eşeği gibi de düşünceler bulunur.

Perhizler ilaçların başıdır. Kaşınmak ise uyuzluğu arttırır.

Perhiz gerçekten de ilaçların başıdır. Perhiz et de canındaki gücü seyret.

Bu söylediğim vahdet sırlarını candan dinle de, ben de senin kulağına altın küpe takmış olayım.

O zaman kuyumcu gibi altın işleriyle Ay'ın kulağına sen küpe olursun da, Ay'a, Süreyya'ya kadar yükselirsin. [16]

Ay, tabii burada kâmil insandır ve Ay, geceleri solgun bir şeyi de aydınlattığı için şeref kazanmak anlamına gelir. Evet, Cemâlnur hanımefendi.

CS: Efendim sabrın hakîkati nedir, diye bir mürşid-i kâmile sormuşlar, o da almış öğrencisini Sulukule'ye götürmüş ve oradaki dostlarımızın sıkıntılara rağmen hâlâ oynayışlarını göstererek demiş ki, bak, sabrın hakîkati budur. Yani en sıkıntılı anında mutlu olmayı becerebilmektir. Ben böyle binlerce örnek gördüm. Mesela bir öğrencim iki çocuğunu ve eşini depremde kaybettikten sonra, geçenlerde Bursa'ya ziyaretimde evi yandı. O, evi yandığı gün benimle beraberdi ve ben hâlinden anlamadım bile, daha sonra evinin yandığını öğrendik ve onun o sıkıntı ve belâyı o kadar güzel karşılayışı hepimize örnek oldu. Demek ki sabır, Allah'la irtibat kurmak için en güzel fırsattır,

---

16 Şefik Can, *Mesnevî Tercümesi*, Ötüken Neşriyat, İstanbul:2003, C. 1-2, s. 184 beyit 2908-2913;
Ken'an Rifâî, *Mesnevî-i Şerif*, Kubbealtı Neşriyatı, İstanbul:2000, s. 420 beyit 2948-2953

çünkü Allah'ın doksandokuz isminin en sonuncusudur. Yani diğer doksansekiz ismi hâl etmiş insan, bu âlemde sabırla şereflendirilir. Gene bahsettiğim gibi Allah, gecenin son üçte birinde kalplere gelir ve ben buradayım, der buyuruyor. Bakın bu ay, sabır ayıdır. Ramazan sabır ayıdır. Gene son üçte biri zamanında sabır iyice artar, çünkü insan yemekten uzak, âdetleri terk etmiş, işte bir sürü isteği varken onları yapmıyor, kızacak, kızamıyor, kötü huylarını terk etmeye çalışıyor. Son üçte biri olan son on günde, Kur'ân'ın mânâsı onun üstüne iner. Demek ki, sabrın en arttığı zamanda Allah bütün hakîkatiyle, mânâsıyla ve ilmiyle o insana tecellî eder. Yani 'sabrın sonu selâmettir', diyen atasözümüz ne kadar güzel söylemiş.

NS: Çok doğru.

CS: Sabrın sonu Allah'la selâmlaşmak oluyor. Dolayısıyla sabretmek en büyük lûtuftur. Sizin de buyurduğunuz gibi belâya sabır, Allah'ın 'Ben buradayım' hitabıyla beraber olmaktan başka bir şey değildir.

NS: Sabretmeyi öğrendiğimiz bir ay, çünkü aç kalıyoruz, susuz kalıyoruz. Dediğiniz gibi alışkanlıklarından insanlar, sigara vb. alışkanlıklarından vazgeçiyor, ona sabrediyor. Her şeye sabrediyor ve bu sabrın sonucunda o gün akşam yemek yiyebiliyor, o gün akşam suyunu içebiliyor, işte istediği şeylere o gün kavuşmuş oluyor. Bir gün, yirmidört saat içinde bunu yaşıyor. Aslında daha büyük düşünebilirsek, hayatımızın içinde de sabrettiğimiz şeyler bize ömrümüzün sonunda da kavuşacağımız güzellikler olarak geri dönecek.

CS: Ne kadar güzel söylediniz. Bazen birçok kapı yüzümüze kapanır, mesela demin bahsettiğim gibi. Yani hayatta her sevdiğimiz elinizden alınabilir, evimiz yanabilir, birçok maddî varlığımız elimizden yok olabilir. İşimizden uzaklaştırılabiliriz. Ama bunlara sabrettiğimiz zaman Allah bir kapıyı kaparsa, mutlaka yeni bir kapı açar. Yeter ki biz, Allah'tan memnun olma zevkiyle yaşayalım. *"Âmâk-ı Hayal"* adlı kitapta bütün peygamberlerin mutluluk anlayışından bahseder sevgili yazarımız. Bizim Peygamberimiz'e gelince tek bir şey söyler: Hâlinden memnun olmak. Mutluluk, hâlinden memnun olmaktır. Hâlini güzel görmek, sıkıntı ve belâya katlanmaktır. Öyleyse görüyoruz ki, en büyük sabır aslına bakarsanız hâlinden memnun olma şerefini elde etmektir.

NS: Bunun için de küçük küçük sabırları denememiz gerekiyor demek ki. Ramazan sadece bir fırsat. Bu ay bir fırsat bizim için ama bir ayla sınırlı değil sabrımız. Olmamalı daha doğrusu. Kocam sabredemez, bir dakika bekleyemez, oğlum sabredemez, kızım sabredemez, işte ben sabredemem ya da hiç sevmem sabretmeyi... Arkeolojide yüksek lisans yaparken size sabretmeyi öğretirler. Küçük küçük şeyleri buluyorsunuz ve onları birleştiriyorsunuz ve bunu yapmak için de sabırlı olmanız gerek. Bu sabrı öğretmek için bir testiyi alırsınız, yere atar kırarsınız. Onu da kötü attıysanız, minik minik parçalara ayrılır. Siz de oturur, o testiyi yeniden bir araya getirir yapıştırırsınız ki, sabrı öğrenesiniz.

CS: Ne güzel söylediniz. Aslında evlilikler, eş sahibi olmak, çocuk sahibi olmak, toplu halde yaşamak, okulda eğitim görmek, hepsi Allah'ın bu doksan dokuzuncu ismini bize öğretmek için. Ama ben bir şey söylemek istiyorum, sabretmememiz gereken bir tek yer var; o da iyilik yapmak. İyilik yapmakta çok aceleci olmalıyız. Bir de çok mühim bir terim olan, 'sabr-ı anillah'tan bahsetmek isterim. Sabr-ı anillah Peygamber'in mîraçta Allahu Azîmuşşân'ı görme şerefine erdikten sonra gene de dönüp dünyaya, nefsinin ezâ ve sıkıntılarına, halkın cefâlarına katlanması olayına denir. Demek ki, hakîki sabır budur.

NS: Sabırların en üstünü.

CS: Evet, ne kadar güzel söylediniz. Hakîki sabır, insanın Allah'la irtibattan sonra tekrar dünyaya ve gaflete dönmesidir. Allah, sabr-ı anillah'ı hepimize nasip etsin inşallah.

NS: İnşallah! Ama hayatın gerçekleri içerisinde, işte bazen zengin oluyoruz, bazen fakir oluyoruz, bazen işsiz kalıyoruz, bazen o oluyor, bu oluyor, yani ona da sabretmek gerek, evet, hayat hiçbir zaman tek bir düz çizgiymiş gibi gitmeyecektir, öyle bir hayat da yoktur. Olması da doğru değildir herhalde.

CS: Sabırsız olmamızın sebebi verenden gafil olmamızla alâkalıdır. Mesela insan çocuğunu çok sevdiği için gece çok sabırlıdır; uykudan uyanır, tahammül eder. Normalde uykudan uyanmayı hiç sevmeyen anne, çocuğu için her fedakârlığa katlanır. Neden? Onu çok sevdiği için. Yapanın yaptıranın, sahibin Allah olduğunu bilirseniz, neye şikâyet edeceksiniz, değil mi efendim?

NS: Yani her şeye çocuğumuza bakmak gibi bakabiliriz o zaman.

CS: Değil mi? Ne güzel!

NS: O çocuğa, büyük bir sevgiyle bebeğimize nasıl bakıyorsak ve o otuz yaşında da olsa bebek gibi görüp hâlâ ona şefkat ve sabırla dayanıp tahammül ediyoruz bazı şeylerine, bazı şeylerini sabırla dinliyoruz. Aynı şeyi hayatımızın her alanında yapabilsek, çevremizdekiler de mutlu olur, ama esas önemlisi biz mutlu oluruz galiba.

CS: Ne güzel söylediniz. O zaman irtibatı Allah'la kuran insan için, hatta sabır lûtuf gibi bir şey oluyor. Yani Sevgili'ye 'Ben seninle beraberim. Buradan da sıkıntı duymuyorum Allah'ım' diyebilmek ne güzel şeydir. Hatta hasta olup da Hazreti Ebû Bekir'in 'Bırakın, hastalığımı veren, beni iyi eder.' dediğini biliyoruz. Neden? Aslında hastalığı verenden haberdar olan insan için iyiliğin de geleceği yeri bilmek ne kadar güzeldir. Hatta adına sabır bile denmez, değil mi efendim?

NS: Kesinlikle, yani hasta olduğumda ben de, bir hayli zor dönem geçirirken; O, bana bunu veren, bunun çaresini de verecekti. Sevdiği kuluna zâten imtihanları verir ve ben bu imtihanı geçmem gerekiyor demek ki, kaldırabileceğim şeyi bana vermiştir, diye ondan emin olunca, o zaman geçiyorsunuz. Yani geçmeniz daha kolaylaşıyor.

CS: Hayranlıkla sizi dinliyorum sevgili dostum, ama siz de buyurduğunuz gibi hastalık gibi sıkıntılar sonbahara benzer. Daha önce de konuştuk, budanmamız gerekir. Budanmazsak, yepyeni filiz vermeyiz. İşte bu sıkıntı ve belâlar bizi budar, temizler ve bizden yepyeni filizler çıkar.

NS: Ben bunu kendimde çok hissettim, yani ben çok sabırsız biriydim. Sabretmeyen, yani sabırsız olduğum alanlar vardı benim. Sabretmeyi öğrendim. Yani ölüm korkusunu tamamen yok ettim, ondan âzâde hale geldim. Birçok negatif duyguyu, öfkemi yenmeyi öğrendim. Öfke ve kızgınlık yerine daha sakin anlamaya çalışmayı, dinlemeyi öğrendim. Çok acelem vardı hep, hep telaşlı olup dinlemeye sabredememek. Halbuki dinlemek çok büyük bir özellik, çok gerekli hayatımızda.

CS: Ne güzel söylediniz. Aynı şeylerde, küçük şeylerden mutlu olmayı öğrenmemizi anlıyorum. Demek ki, dünya küçük şeylerle yetinmek ve mutlu olmayı öğrenmektir. Aksi takdirde her şeyimiz olduğu halde kendimize dert yaratırız. Ben buzdolabı bozuldu diye intiharı düşünen arkadaşlar gördüm. Çocuğu on üzerinden dokuz aldı diye ölmeyi düşünen arkadaş gördüm. Yemek yemekten kesilmekten sıkıntı çekeni gördüm. Demek ki, insanların küçük şeylerle tatmin olması için mutlaka sabrı öğrenmesi, yani budanması lâzım.

NS: Evet, doğru. Evet, bizim önümüze gelen fırsatları tepmek yerine, neden bu benim başıma geldi ve ben bununla ne öğreneceğim acaba diye düşünmemiz gerekiyor. O da zâten kendimizi de, etrafı da, öğretmeni de ve büyük öğretmen olan Allah'ımızı da dinlersek, okursak, *Mesnevî* dâhil Kur'ân-ı Kerim elbette ve onun tefsirleri olan her şeyi okuduğumuzda, bunu anlamamız çok zor değil herhalde.

CS: Ne güzel söylediniz. Hazreti Mevlânâ diyor ki, her sıkıntı ve belâdan sonra Allah o gönülde tecellî eder, yeter ki, seni evde bulsun. Eğer biz hakîkaten sebeplerin peşine düşmüşsek, o yaptı, bu yaptı, o zaman sıkıntı ve belâyı, belâ gibi görüyoruz. Ama yapanın yaptıranın Allah olduğunu bilirsek, kim bilir nasıl temizleneceğim diye seviniyoruz. Yunus Emre Hazretleri'ne demişler ki, çok sıkıntıdasın, sana duâ ediyoruz. Aman karışmayın, demiş; bu gider daha beteri gelir, ben buna alıştım, sabretmeyi öğrendim. Onun için Allah terbiye bitene kadar bizi çeşitli imtihanlara tabii tutar. Âyet-i kerîme öyle demiyor mu? *"Seni namaz kılar, oruç tutarsın diye bırakmam. Çeşitli imtihanlara tabii tutarım, bakalım sahih misin bana olan sevginde!"*.

NS: Evet, yoksa çok kolay olurdu öbür türlü.

CS: Evet efendim, çok haklısınız.

NS: Hazreti Eyyûb zâten en büyük örneğimiz ve Şanlıurfa'da Hazreti Eyyûb'un yerine gidip taşına dokunduğunuz zaman, gerçekten neler çektiğini Hazreti Eyyûb'un, birazcık idrak etmeyi, hissetmeyi bilirseniz; bizim çektiklerimizin yanında, söyleyecek sözümüz olmaz.

CS: Ne güzel! Hazreti Eyyûb'la ilgili bir şey okumuştum. Biliyorsunuz bütün vücudunu artık mikroplar sarıyor, bacağından irinler akıyor ve o bir keresinde bacağından düşen bir kurdu alıp yerine koyunca, o kurt onu ısırıyor ve çok acı çekiyor. Diyor ki, Allah'ım bu kadar sıkıntı verdin, hiç acı çekmedim, niye bu kurt bana acı verdi? Allah diyor ki, ama onu kendin koydun, ben koy demedim. Demek ki, sıkıntıları kendimiz yaratıyoruz. Çok şükür!

NS: Evet, çok şükür, ağzınıza sağlık! Evet efendim. Sıkıntıları, vesveseleri kendimiz yaratıyoruz, bu doğru. O yüzden de bunlardan uzak olmak için diyelim ki; "gönlünde sabrı olmayanın Allah'a inancı zayıftır."

NEFSİNİ BİLEN, RAB'BİNİ BİLİR

NS: Mesnevî Okumaları'ndan merhabalar efendim. Yine *Mesnevî-i Şerif*'le ve onun hikâyeleriyle başbaşayız. *Mesnevî* nefsiniz, nefsiniz der, nefsinizi kontrol edin, der. Devamlı bize nefsimizi nasıl kontrol edeceğimizi öğretir. Tabii nefsimizde kontrol edemediğimiz şeylerden biri de oburluktur. Birçok hikâye var.

"Oburlukla ilgili kadı tellallarının bir müflisi şehirde dolaştırarak halka bildirmesi"

Malsız, mülksüz, evsiz, barksız bir adam vardı. Zindanda kalmıştı, amansız zincirlerle bağlanmıştı.

Boş yere zindandakilerin lokmalarını yerdi. Tamahı yüzünden oradakilerin gönlüne Kaf Dağı gibi ağır geliyordu.

Kimsenin bir lokma ekmek yemeye bile gücü yetmiyordu. Çünkü o, ağza alınan lokmayı bir yanından tutar, hemen kapardı.

Allah'ın has kullarını dâvet ettiği kanaat ziyafetinden uzak kalan kimse, padişah bile olsa dilenci gibi aç gözlüdür.

O aç gözlü kişi insanlık şerefini ayaklar altına almıştır. O lokma o kapıcının arsızlığından, zindan cehenneme dönmüştü. [17]

Ama esas güzel hikâyelerden biri;

"Îmansız obur misafir" hikâyesidir:

Bir takım müşrikler akşam vakti mescide gelip, Peygamber Efendimiz'e misafir oldular. Dediler ki: "Ey bütün dünyadaki insanları mânen misafir eden padişah, biz buraya sana misafir olarak geldik.

Yiyeceğimiz, içeceğimiz yok. Sonra biz çok uzaklardan geldik. Burada tanıyanlarımız da yok. Haydi keremini, ihsanını göster de nurlar saç, yani fazîletinden, kereminden ihsan et. Biz garipleri sevindir, gönüllerimize neşe nurları saç."

17 Şefik Can, *Mesnevî Tercümesi*, Ötüken Neşriyat, İstanbul:2003, C. 1-2, s. 300 beyit 585-589

Peygamber Efendimiz sahâbelerine; "Ey dostlar", diye buyurdu. "Bunları pay edin, evlerinize götürün, ikramlarda bulunun, çünkü siz benimle aynı huydansınız. Benim ahlâkımla dolusunuz."

Ashabdan her biri bir misafir seçti, götürdü. Aralarında eşi benzeri olmayan, iri yarı biri vardı. Onun pek iri bir bedeni vardı. Bu fil gibi cüsseli adamı kimse alıp evine götürmedi. Kadehteki tortu gibi mescitte kalakaldı.

Kimsenin götürmediği o iri adamı Hazreti Mustafa *(s.a.s.)* aldı, götürdü. [18]

Hikâye çok uzun aslında ama Cemâlnur Sargut hanımefendi bundan sonrasını daha çabuk anlatır belki.

CS: Ah efendim, Allah râzı olsun. Ben çok severim *Mesnevî*'deki bu hikâyeyi. Allah bize bunun mânâsını idrak ettirsin. Peygamber Efendimiz onu evinde misafir eder, ama adam o kadar oburdur, o kadar yemeyi sever ki, kendini bilmez bir adamdır, evde ne var ne yoksa yer. Peygamber Efendimiz onun bu halini bildiğinden, onu putuyla odada yalnız bırakır, üstünden de kapıyı kitler. Adamcağız o kadar çok yemiştir ki, gece yarısı midesi bozulur, tuvalete gitmek ihti-

---

18 Şefik Can, *Mesnevî Tercümesi*, Ötüken Neşriyat, İstanbul:2003, C. 5-6, s. 23 beyit 64-67, 74-76

yacı duyar, ama kapı kilitlidir, maalesef yatağına her şeyi yapar. Bekler, kapı açılır açılmaz kaçabilmek için. Peygamber Efendimiz durumun farkındadır. Her şeyi bilen o Sultan kapıyı açar ve arkasına saklanır. Adam putunu almadan oradan kaçar, fakat içi rahat etmez. Putu lâzımdır adama, çünkü ona tapmaktadır, geriye döner. O sırada Peygamber Efendimiz gelen gidenin şaşkınlığı içerisinde, adamın pisliğini temizlemektedir. Biz temizleyelim, dediklerinde, bu hâle ben sebep oldum, insanların pisliğini temizlemek bana yakışır, buyurmuş. Öyle ya, hâlâ pisliklerimizi temizleyip duruyor. Fakat adam putunu almaya geri döndüğünde koskoca Peygamber'i o hâlde görünce, îmana gelir. Birden kendi eksikliğini görür, aşırı yemesinin eksikliğini ve çirkinliğini idrak eder, o anda nefsini bilir. Yani kendi nefsinin hiçliğini, aczini görür ve Rab'bini, Peygamber'ini idrak eder. Nefsini bilen, Rab'bini idrak eder. Önünde diz çöker, Peygamber'e yalvarır, beni adam edin diye. Peygamber der ki: O iş kolay, gel müslüman ol, ama bir şartla, bu gece de benim misafirim ol. Fakat o gece adam yarım bardak süt içer ve doyar. Görüyoruz ki, hakîkaten insan kendi eksikliğini ve hadsizliğini bildiği zaman Peygamber'ine biat ediyor. Allah sevgilisini Rab kabul ediyor ve O'nun öğreticiliğinde insan olmak için gayret içerisine giriyor, efendim.

NS: Yani eksikliğini fark ettiği zaman, ondan sonra teslimiyetle arkasından geliyor. Evet, ben bu konuda eksiğim, oburdum, kötü huyluydum, her gördüğümü yiyordum, ama bunu fark ettim, anladım. Bundan, bunu anlamak bile bir nevi bizi doyurmuş oluyor demek ki.

CS: Ne kadar güzel! Tabii bunu anlamamızda Rab'bimizin çok büyük faydası oluyor. Çünkü Peygamber'i görüp âşık olmamak mümkün değil. Koskoca Hazreti Ömer, O'nu öldürmeye giderken mübârek yüzünü görünce deli gibi âşık olup her şeyi terk ediyor. Öyleyse insanın kendi hakîkatini, kendi aczini ve kendi eksikliğini görebilmesi için Peygamber gibi bir aynaya bakması şart. Bir aynaya ihtiyaç var ki, biz ne olduğumuzu anlayıp eksikliğimizi görebilelim. İşte onun için aczimizi hissetmek seviyesine, nefsi bilmek seviyesi denir. Ondan sonra da her şey bize apaçık âşikâr olur. Buradaki Rab kelimesi üzerinde de müsaade ederseniz, durmak istiyorum. Allah ne enteresandır ki, o Yüce Sultan, ben sizin Allah'ınız değil miyim, diye sormadı ezel âleminde, taptığınız değil miyim, diye de sormadı. İlâhınız değil miyim, diye de sormadı. Sadece *"Rab'biniz değil miyim?"*, dedi. Yani ben ömür boyunca ve öbür âlemde ve bu âlemde dâima sana öğreteceğim, bunu kabul ediyor musun, dedi. Bizler, *"belî"* dedik. Kabul ediyoruz, dedik, ama bu âleme gelince yapanın yaptıranın Allah olduğunu, öğretenin Allah olduğunu unuttuk, ahde vefâsızlık gösterdik ve Ayşe yaptı, Fatma yaptı, canımı o yaktı diye hep insanları kusurlu görmeye başladık.

NS: Başkalarını kusurlu görerek kendimizi temize çıkardığımızı zannediyoruz. Halbuki Rab'bimiz her şeyin farkında olan zâten.

CS: Ne kadar güzel söylediniz. Rab'bimiz her yerden bize bir şey öğretir.

NS: Şah damarımızdan yakın olduğuna göre...

CS: Çünkü Allahu Azîmuşşân istediği yerde tecellî eder. Hani adamın birinin ayağı kangren olmuş. Gelmiş eve, ertesi gün ayağını kesecekler. Evinde otuz tane kedisi varmış adamın. Kediler onun hüznünü hissetmiş, bir tanesi yanaşmış, başlamış orayı yalamaya, öbürü hafif tırmıklamış. Boş ver demiş adam, nasılsa yarın kesecekler, canlarının istediğini yapsınlar. Kediler ayakla meşgul olmuşlar bütün gece boyunca. Ertesi gün doktora gittiğinde, doktor yaranın iyileşmeye başladığını söylemiş. Hocam diyor ki, Allah 'Şâfî' sıfatıyla bir kediden bile insana ne çok şey öğretir. Değil mi efendim?, her yerden tecellî eden O.

NS: Hiçbir şekilde unutmamamız gerekiyor.

CS: Ne güzel buyurdunuz. Demek ki, her yerden öğreten, gösteren, görünen O'dur. Bazen taştan, topraktan, çiçekten, böcekten tecellî eder. Yeter ki, biz idrak edebilelim ve sebeplerden uzak duralım.

NS: Evet buna vesîle olup öğreten veya onun vesîlesi halindeki mümine de kızmak yerine düşünmemiz, anlamaya çalışmamız gerekiyor. Mümin müminin aynası çünkü.

CS: Hârikulâde söylediniz! Çünkü şerîat, tarîkat ve hakîkatin mânâsı budur. Caminin dört duvarında dört adam oturuyormuş. Adamın biri bir tanesine tokat vurmuş, o da kalkmış adama tokat vurmuş. İkinciye tokat vurunca adam sadece başını kaldırıp, kim yaptı diye bakmış. Üçüncü başını bile kaldırmamış, dördüncü kalkmış, elini öpmüş. Demişler ki, bu nedir? Birinci şerîat ehliydi, kısas uyguladı. İkinci tarîkat ehliydi, bu Allah'tan bana da, kim sebep oldu diye baktı. Üçüncü hakîkat ehliydi ki, o hiç başını bile kaldırmadı, yapan yaptıran Allah'tır dedi. Dördüncü mârifet ehli, Peygamber gibi hâl ehliydi. Canım, benim için günaha girdi deyip, kalktı elini öptü diyorlar. Görüyor musunuz Rab'bini bildiği zaman insan, o zaman yapanın yaptıranın O olduğunu idrak edip, aracıyı da suçlamaktan vazgeçiyor. Sebeplerden uzak duruyor.

NS: Evet, uzak duruyoruz. Çünkü bugün en çok ihtiyacımız olan şey bu. Çünkü bugün artık yemek çok bol; o yüzden de insanlar yokluktan değil, aslında sıkıntıdan ve bu varlıktan fazla yemek yemeye başlamış durumda. O içindeki sıkıntının nedenini yemekle gidermeye çalışmak aslında, kendilerini yeniden üzen hastalıklara dâvetiye oluyor. O yüzden, nefsimizi kontrol etmek çok önemli.

CS: Ben siyâsetten anlamam, ama kapitalist ülkeleri ziyaret ettiğimde gördüğüm bir tek şey var. İnsana önce yemek târifleri öğretiyorlar, sonra da perhiz yapmayı öğretiyorlar. İnsana dâima zıddıyla, ne kadar sapıtabileceğini gösteriyorlar. Şimdi burada problem olan şudur, insanın iki problemi var: Yemek bir şehvettir. İbn-i Arabî Hazretleri diyor ki, insanlar yaşlandıkça bütün şehvetleri unuturlar, ama yemek şehveti hiç gitmez. Halbuki insan Allah'la beraberken her şeyden uzak kalabiliyor. Allah'ı konuşurken, yani diri lokmayla meşgulken, ölü lokmadan uzak kalabiliyor. Onun için insanın hakîkatiyle meşgul olması maddeyle meşgul olmasından çok daha zevklidir.

NS: Yani günümüz için söylersek insan biraz içiyle meşgul olmalı; içindeki iyiliklerle, kötülüklerle, yakın çevresinin dertleriyle... Gençken bir arkadaşım telefon etmişti, ben de telefonda dinlemişim onu ama kapattıktan sonra unutmuşum. Birkaç gün sonra karşılaştığımızda dedi ki, ben sana derdimi söylemek istedim, söyledim ama sen beni iyi dinleyemedin. Sen iyi, iyi dedin, kapattın ama ben çok kötüydüm. O zaman idrak ettim ki, o anda yaptığım işle, başka şeylerle o kadar meşguldüm ki ben onu hiç dinlememişim. Yani, onu dinlemediğimi bana söylemeseydi, yine bilmeyecektim.

CS: Evet. Şikâyet ne kadar insanı rahatsız ediyor, değil mi efendim? Bizim bir derviş ahbabımız doktora gitmiş, doktor şikâyetin nedir, demiş. Kadıncağız hâşâ, şikâyet mi, demiş. Yanındaki beyefendi demiş ki, o dervıştir, şikâyet diye sormayın, neren ağrıyor diye sorun. Çünkü şikâyet insanı Allah'tan uzaklaştırır. Halbuki halinden memnun olma seviyesi acı bile olsa, sıkıntı bile olsa, hastalık bile olsa, onu memnuniyetle geçirip, pozitif enerjiyle ondan kurtulmayı sağlar.

NS: Rahmetli annem de bundan şikâyet ederdi, sen hiçbir şey söylemiyorsun diye. Ama söylememin bir faydası yok ki diye düşünürdüm genelde. İnsanın çektiği acıları, üzüntüleri kendi başına ya da annesi gibi üzülecek biri ile değil de kardeşi gibi daha çok paylaşacağı biri ile geçirmesinin daha doğru olduğunu düşünürdüm.

CS: Ne kadar güzel söylediniz. İki türlü öğretmen vardır. Biri birçok imtihan yapar, çocukların canına okur, öbürü de hiç imtihan yapmadan sınıfta bırakır. Çocuklar hiç imtihan yapmayan hocayı çok severler, sene sonunda sınıfta kalınca çok büyük hayal kırıklığına uğrarlar. Halbuki çok imtihan yapan hoca her zaman daha hayırlıdır. İşte Allah çok imtihan yapan hoca gibi. Dolayısıyla bize bizi ispatlıyor, bak, sen hangi seviyedesin, daha neredesin diye kendi kendimize imza attırtıyor. Onun için biz kendimizi, hangi seviyede olduğumuzu öğrenmek için bu imtihanlara nasıl cevap verdiğimize bakmalıyız.

NS: Kendini bilmek gibi yani, zâten imtihanın en güzel yanı o, değil mi?

CS: Kesinlikle!

NS: Evet sevgili izleyiciler, bugün de *Mesnevî* bize dedi ki, nefsini kontrol et. Çünkü "Nefsini bilen, Beni bilir." diyor Rab'bimiz.

ÇOK TAMAH, ÇOK ZİYAN GETİRİR

NS: Mesnevî Okumaları'ndan hepinize merhaba efendim. *Mesnevî-i Şerif*'te bugünkü öykümüz tamah ve açgözlülüğü bize anlatan öykülerden biri. *Mesnevî* tamah ve açgözlülüğü anlatan güzel öykülerle dolu.

"Çok uzağı gören kör, çok iyi işiten sağır ve uzun elbiseli çıplağın Mevlânâ'ya göre mânâsı."

Yukarıda bahsedilen sağır hayattan çok şeyler uman, çok şeyler isteyen, bir türlü gözü doymayan insanları göstermektedir. O başkalarının öldüğünü duyar da kendi öleceğini hiç aklına getirmez.

Uzağı gören kör de hırsı temsil etmektedir. O halkın ayıbını kıldan kıla görür, mahalle mahalle dolaşır, onları söyler.

Onun kör gözü, başkalarının ayıbını, kusurunu aradığı halde, kendi ayıbının bir zerresini bile görmez.

Çıplak, eteğini kesecekler diye korkar, durur. Halbuki çıplak bir adamın eteğini nasıl keserler? Çıplak bir adamın eteği olur mu?

O çıplak, dünyaya tapan bir müflistir. Soyulacağını düşünerek korkular içinde yaşar. Halbuki çıplak olduğu için hırsızların soymasından korkmaması gerek.

O dünyaya çıplak geldi, çıplak gidecektir. Öyle iken, hırsız korkusuyla yüreği kan ağlar. Ölüm vaktinde yanında bulunanlar, yüzlerce feryatla ağlaşırlarken, o hayattayken hırsızlardan boş yere korktuğunu anlar da canının o mânâsız korkusuna gülmeye başlar.

Zengin, ölümü sırasında altının bulunmadığını, yani servetin artık kendisine ait olmadığını, zeki bir kimse de hünersiz ve mârifetsiz bulunduğunu idrak eder.

Hayattaki bu mal korkusu, eteğine saksı kırıntıları doldurup kendini mal sahibi sanan, onları gaip edeceğinden korkan, onların üstüne titreyen çocuğun korkusuna benzer.

Eğer o süssüz saksı kırıklarından bir parçasını alırsan, çocuk ağlar; aldığın parçayı geri verirsen, güler.

Bilgi sahibi olmadığın için çocuğun ağlamasına, gülmesine bir değer verilmez.

Câhil kodaman kişi de eğreti olan malı mülkü, kendi mülkü sandığı için o malın üstüne titrer, çırpınıp durur.

Rüyasında kendisini mal mülk sahibi görür. Bir hırsızın çuvalı kaçırıp götüreceğinden korkar." [19]

Evet, bu uzun ve güzel hikâyeye elbette Cemâlnur Sargut hanımefendiyle devam edeceğiz. Efendim, sizin sevdiğiniz bir hikâye.

CS: Çok sevdiğim bir hikâye! Efendim, kendimiz de biraz böyleyiz. Çok uzağı gördüğümüzü biliriz, fakat ne acı ki, şah damarımızdan yakın olan Allah'ı idrakten bîhaberizdir. Hazreti Îsâ bu tavırdaki insanlara ahmak diyor. Ahmak, bütün ilimleri bilir de o ilimlerin hakîkatinin Allah olduğunu idrak edemez. Ne güzel bir hikâyedir, Mevlânâ Hazretleri'nin *"Fîhi Mâ Fîh"* inde. Bir kişi ahmak olan çocuğunu öğretmene getirir. Öğretmen ona bütün ilimleri öğretir. Doğrusu o devirde astronomi ilmi, fal ilmi çok modadır. Çocuğa her şey öğretilir ve en sonunda öğretmen herkesi toplayarak bir imtihan yapar. Eline bir tane yü-

19 Şefik Can, *Mesnevî Tercümesi*, Ötüken Neşriyat, İstanbul:2003, C. 3-4, s. 208 beyit 2628-2640

zük alır, herkese gösterir, çocuğa göstermez ve çocuğa sorar, elimdeki nedir? Çocuk şöyle bir bakar ve der ki, ortası boş, yuvarlak bir şey. Hoca büyük bir gururla, sevinç içerisinde çocuğa sormaya devam eder, aferin oğlum, söyle o nedir? Çocuk, kalbur der. Yani, o yüzüğü bilmiş, ama kalburun avuca sığmayacağını idrak edememiştir. Mevlânâ der ki, bütün ilimleri biliriz, ama ilimlerin Allah'a götürüyor olduğunu idrak edemeyiz. Bütün ilimlerin hakîkati olan Allah'ı göremeyiz. Aslında her yerde yapanın, yaptıranın Allah olduğunu, şeytanın ve Peygamber'in dahi O'nun elinde maşa olduğunu idrak edemeyiz. Ne güzel söylemiş Hazreti Muhammed: *"Ne sende dalâletten bir kuvvet, ne bende hidâyetten bir kuvvet var. İkimiz de Allah'ın emrindeyiz."*

NS: Bunu koskoca Efendimiz, Peygamberimiz söylüyor.

CS: Evet efendim, ama ne körler vardır ki, Peygamber onu kendi yerine geçirmiştir. Hani bir meşhur hikâyedir, âyet-i kerîmede kör, bana anlat ya Muhammed, der. Peygamberimiz o sırada biri sürü âlime anlatmaktadır İslâm'ı. Fakat kör de bana anlat, diye tutturur. En sonunda âyet iner: *'Köre surat astın ya Muhammed'* diye. Allah'tan bu âyet inince Peygamber, o körün ne kadar görücü gözü olduğunu idrak etmiş de, harbe gittiği her devirde Medine'yi korumak için kendi yerine başkan yapmıştır, Öyleyse körlüğün hakîkati gönül körlüğüdür, göz körlüğü değil. Ama gönlü kör olanlar da gözü ne kadar açık olursa olsun hiçten ibâret. Kulak da öyle efendim. Ne güzeldir, eskiler derler ki, üç tip kuru kafa vardır, bir tanesinin içinden sopayı sokarsın, öbür tarafından çıkar; bir tanesine sokarsın, çıkmaz; bir tanesine de hiç girmez. İşte derler, laflar böyledir. Bazısını hiç duymaz...

NS: Birinden girip birinden çıkıyor dedikleri bu herhalde...

CS: Evet efendim, bazısı da işitir ve onu hâl eder. Aslında sağır olan onu hiç duymayan insandır. *'Onların kalpleri mühürlüdür'* âyeti yahut da *'Onlara demirden boyunduruk geçirilmiştir, boyunlarını eğmezler, benlik ehlidir'* âyetleri bu tür insanları anlatır.

NS: Evet, tamah ve açgözlülük de zâten boyun eğmezlikle çok yakın ilişkide sanıyorum.

CS: Ne kadar güzel söylediniz! Açgözlülük üçüncü adamı daha çok ilgilendiriyor. Yani o her şeyi var, ama hiçbir şeyi yok. Çünkü bu âlemden biliyorsunuz boş gelinir, boş gidilir. Bu âlemde hiçbir şey bize ait değildir. Her şey Allah'ın bize geçici bir devre için ödünç verdiği lûtuflardan ibârettir.

NS: Başkasına söylerken bunu biliyoruz. Sanki ölünce bir tane çorap götürecek, sanki giderken bunları cebine koyacak, diye söyleniyor insanlar, ama kendisine dönüp bakmıyor. Peki, ben bunu niye yapmıyorum?

CS: Çok doğru söylüyorsunuz. Elbisemizde ufacık bir leke olsa yeri göğü inletiyoruz. Birisi bardağımızı kırsa onu dövecek gibi oluyoruz, değil mi efendim? Sanki bunların hepsi hiç yok olmayacakmış, hepsi bize aitmiş gibi bir hırs içindeyiz. Ama bunlardan daha acısı da mânevî değerlerimizin bile elimizden alınacak olması. Onları da idrakten âciziz. Mesela hocam diyorlar ki, aşk verilir ve alınır. Ben çocukken annem, sohbeti bana okur ve benim ağlama oranıma göre de halka okurdu. Ben de kendimi çok âşık, Allah âşıklısı sanırdım. Benim ilmimle beni çok güzel avladı anacığım. Dedi ki, kızım, eğer şu devirde Allah aşkıyla aşk geri alınmadan yanıp; yarı yanmış, yarı yakılmış kalırsan, yani kötü huylarını yok edemezsen karbon monoksit gibi etrafı zehirlersin. Ama iyice yanarsan etrafa ısı saçarsın. Öyleyse Allah bütün değerleri verir ve geriye alır. O değerler bizimleyken değerin kendisi olabilmektir maksat. Aşkın kendisi kesilmektir. Mânânın, ateşin, hakîkatin kendisi kesilmektir. İşte bunları hâl etmezsek, hakîkaten boş gelip, boş giden insanlara benzeriz.

NS: Yani hayatımızın gerçeği ve pratik hayatımızın bir parçası olursa bunlar değerli. Yoksa kitapta okumayı çok seviyoruz veya kitapta, bu *Mesnevî*'deki en güzel sözleri alıp Facebook'a, internete yazmayı çok seviyoruz. Herkes güzel sözler yazmakta birbiriyle yarışıyor, ama peki bu güzel sözleri, bu yüce sultanların söylediklerini sen yapıyor musun? Hayatına geçiriyor musun?

CS: Ay ne kadar güzel söylediniz! Hatta bilgide tamahtan bahsettik. Onunla ilgili de bir küçük hikâye anlatayım *Mesnevî*'den: "Bir adam Hazreti Îsâ'ya bana diriltmeyi öğret, der. Bilgide tamah! Bana da öğret. Ben peygamberim, der Hazreti Îsâ, sen beceremezsin. Olsun sen öğret, ben de senin gibi bir adamım, der. O kadar ısrar eder ki, Hazreti Îsâ dayanamaz, ona diriltmeyi öğretir. O da karşısına çıkan ilk kuru kafayı diriltir, koca bir aslan çıkar ve adamı yutar. Hazreti Îsâ aslana sorar, adamı niye yuttun, diye. Ahmaktı da onun için yuttum, der. Der ki, senin gibi bir mürşid-i kâmil bulmuş, kalbimi dirilt diye önünde oturacağı yerde ilmine tamah etti de o ilmi de yanlış kullandı, der." Ne kadar güzel! Hakkımız olmayan şeyi istemek, o bizim felâketimizden başka bir şey değildir. Onun için…

NS: Şimdi insanlara, bir şey söylediğinizde, öğretmeye çalıştığınızda ya da yanlışını söylediğinizde, sen bana hiç böyle şeyler söyleme, çünkü ben doktorum, yüksek lisansımı yaptım, senden üç tane diploma fazlayım, dört tane dil fazla biliyorum. O yüzden de bana böyle ukalalıklar yapma diyorlar. Gerçekten inanılmaz derecede böyle açık ve net konuşabilme mârifetine sahipler. İnsan şaşıyor, yani bilgi, ilim dediğimiz şeyin, irfan olmadan ne faydası vardır?

CS: Hatta bütün bunlar insana yalnız hangi kitabı karıştıracağını öğretir. Onun için aslında insan hâl etmedikçe o ilmin sahibi sayılmaz. Ne diplomasız âlimler vardır ki, hepimize hayatlarıyla ders verirler. İnşallah onlardan olmayı Allah bizlere nasip etsin.

NS: İnşallah!

CS: Bu arada fala ve geleceği bilmeye tamah edenlerin de ne kadar yanlış içinde olduğunu da belki tekrarlamamızda fayda var.

NS: Söylememizde fayda var, evet, yani parayla fal bakan çok sayıda insan var ve parayla fal baktırmayı hayatının neredeyse amacı edinen birçok, maalesef özellikle kadınlar arasında çok yaygın, kadın var.

CS: Ne kadar yanlış!

NS: Ve büyü hâlâ büyü, taa o zaman yasaklanmış olmasına rağmen bindörtyüz sene önce, hâlâ büyüyle uğraşan, büyü yaptıran, büyü yaparak kötülük etmeye uğraşan insanlar var.

CS: İşte kul hakkına girer efendim. Kul hakkı da Allah'ın asla affetmediği şeylerdendir. Geleceği öğrenmek istemek de bize felâket getirir. Hatta çok güzel bir hikâye vardır: "Adamın biri hayvan dilini öğretmesi için mürşidine yalvarmış. Mürşidi itiraz etmişse de öğrenmiş ve o gün horozuyla köpeği konuşurken dinlemiş, horoz demiş ki, yarın at ölecek, biz bol bol yemek yiyeceğiz, sen hiç üzülme. Bunu duyunca ertesi gün atı satmış adam. Horoz demiş ki, sen çok yalancısın. Üzülme demiş köpek. Yarın efendinin hizmetinde çalışan hizmetçisi ölecek, onun yemeğini yeriz, rûhuna yapılanı yeriz. Ertesi gün hizmetçiyi de satmış adam. Üçüncü gün ikisi gene birbiriyle kavga ediyorlar. İyice yalancısın, demiş, bak, o da satıldı. Üzülme demiş, yarın efendinin kendisi ölecek. Adam gidip mürşidine bu felâketin hakîkatini sorunca, sen o atı hizmetçi için saklıyordun. O atın ölümü hizmetçinin önündeki engeli kaldırdı, hizmetçinin ölümü de senin korumanı kaldırdı ve sen geleceği öğrenmek isteyerek kendini yok ettin, buyuruyor.

NS: Yani ne yaparsak kendimize yapıyoruz.

CS: Kesinlikle. Onun için geleceği öğrenmek istemek, aşırı ilim bilmeye çalışmak tamahtır.

NS: Yani fazla akıllıymış gibi görünen bazı şeylerin ahmaklık olduğu anlaşılıyor. Hikâyemiz bize bu ahmak ne demek, çok güzel anlatıyor.

CS: Evet efendim. Ne kadar güzel söylediniz. Ahmak Allah'ın ilminden uzak olmak demektir. İlmi öğrenelim, ama gayb ilmini öğrenelim. Onun fazlası tamah olmuyor, ama maddî olan her şeyin fazlası bize tamahtan başka bir şey değildir, efendim.

NS: Tamah da zâten çocuk hikâyelerinde bile, masallarda bile anlatılarak öğretilmeye çalışıyor ki, yani tamahtan dolayı altın yumurtlayan kazı kesersen, ne kazın kalıyor ne yumurta kalıyor, hiçbir şey kalmıyor, diye. Ağzınıza sağlık efendim. Evet, *Mesnevî* bugün de bizi eğitti, öğretti çok şükür ve de *Mesnevî*'nin söylediklerine baktığımız zaman ne diyelim? "Çok tamah, çok ziyan getirir."

DÜRÜSTLÜK

NS: Mesnevî Okumaları'ndan hepinize merhaba efendim. *Mesnevî-i Şerif*'le yine başbaşayız. Bakalım bize neyi hikâye edecek? Bugünkü konumuz 'dürüstlük'. Hikâyemizin adı:

"Hile ile harekete kalkışma; Allah hileciyi muvaffak etmez."

Hayal ve hile ilc harekete kalkışma. Çünkü ganî olan Allah hileciyi muvaffak etmez.

Eğer hile yapacak olursan iyi bir hizmet yolunda, hayırlı bir yolda, yolunu şaşırmışlara yardım hususunda hilede bulun da ümmet içindeki Peygamber'e benze..

Hileden kurtulmak için hileye başvur. Bedenden ayrılıp tek kalkmak için hile yap.

Bir hile yap da en aşağı bir kul ol. Kendini aşağı gör de, o şekilde yürü git. Kendini aşağıladığın derecede yükselirsin, mânevî efendi olursun.

Ey ihtiyar kurt, tilkiliğe kalkışma, hileyi bırak, tilkilikle efendilik edeceğini umma.

Ama pervâne gibi koş, ateşe atıl. Aşk oyununu bir menfaat gözetmeden cömertçe, tertemiz olarak oyna, kurtul.

Zorbalığı, gücü, kuvveti bırak da ağlayıp inlemeye sarıl. Ey yoksul kişi, Allah'ın merhameti, acıması, inilti ile elde edilir.

Zorda kalmış, içi yanmış susuzun ağlayıp inleyişi samîmîdir, candandır. Soğuk, yapmacık, yalan olan inilti ise sapıklara mahsustur. Yûsuf'un kardeşlerinin ağlayışları hileydi. Çünkü onların içleri hasetle, illetle dolu idi." [20]

Evet, bu kıskançlığı aslında çok iyi biliyoruz Cemâlnur Sargut hanımefendi. Bize onu anlatırken, Bâyezid-i Bestâmî Hazretleri'nin belki iki kere hacca gitmesini de anlatırsanız; hacca gidiyor ve ne mutlu ki sana diyor gurura kapılan adama, ben sana iki akçe vereyim, haccımı al.

---

20 Şefik Can, *Mesnevî Tercümesi*, Ötüken Neşriyat, İstanbul:2003, C. 5-6, s. 50-51 beyit 468-476

CS: Efendim Hazreti Yûsuf hikâyesi; Yûsuf Sûresi gerçekten Kur'ân-ı Kerîm'in çok önemli sûrelerinden biridir ve insân-ı kâmil olmanın, yani dosdoğru olmanın, yalandan uzak olmanın yolunu bize öğretir. İnsanın dosdoğru olması için nefsinin ve aklının rûhu önünde dümdüz secde etmesi lâzım. İşte nefsin arzu ve istekleri olan kardeşleri, gönül makamında olan Yûsuf'u dünya kuyusuna atarlar. Vücut doğduğu andan itibaren hırsların, nefretlerin, yani Yûsuf'un kardeşlerinin esiridir. Ama Yûsuf gönlü temsil eder, fakat kardeşleri kendi hilelerinden gönül aydınlanıp, haberdar olmasın diye onu kuyuya atarlar. Yakup olan ruh da eğer gönül karanlıksa kör olmayı tercih eder, yani vücutla alâkasını keser. Bu durumda nefis bütün vücutta azgın şekilde hareket ederken, birden Yûsuf'u bir menfaat sayesinde kuyudan çıkmış görürüz. Menfaat niye? İnsanlar inşallah cennete gideyim diye güvenliğe çıkarlar, ibâdet ederek. Menfaat uğruna ibâdet ederek yavaş yavaş kuyudan çıkarlar. Sonra nefse satılırlar. Buradaki nefis Züleyhâ'dır. Züleyhâ Yûsuf'a çok âşıktır, ama tipik nefstir. Çünkü o Yûsuf'a âşıkken, yani gönle âşıkken dünyayla evlidir. Bu yüzden de ilişkileri gayri meşrudur. O yüzden onun Yûsuf'u sevmesi doğru değildir ve hep bana diyen şey nefstir. Yûsuf benim olsun der. Halbuki Yûsuf Allah'a aittir…

NS: Sahiplenmeye kalkmak budur.

CS: Tamamen nefsâniyettir. Dolayısıyla Hazreti Yûsuf'u zindana attırır. Yani kuyudan çıkıp zindana giren gönül gene karanlıktadır, ama gönlün idraki o kadar kuvvetlidir ki, onun rüya tâbir edişi, padişah olan aklın kulağına kadar gider. Akıl rüyayı kendi böyle tâbir edemediği için gönle hayran kalır, onu hapisten çıkartarak kendi yerine padişah yapar. Bu sırada nefis de gönüle âşık olmuştur, gönüle âşık olmuştur ki, benlikten geçmiştir. Dolayısıyla bu birliktelik oluşunca kardeşler de onun önünde secde ederler. Demek ki, vücudumuzun arzu ve istekleri dosdoğru olan ruh makamının önünde secde ettiği zaman vücut kemâl mertebesine ulaşır. Yûsuf Sûresi'nin mânâsı budur. Bâyezid-i Bestâmî Hazretleri ise Kâbe'nin hakîkatinin kâmil insanın gönlü olduğunu bildiği için der ki, gel beni yedi kere tavaf et, çünkü Kâbe, Kâbe olalı içi defalarca putla doldu, ama benim gönlümün içine bir kere bile Allah'tan başka bir şey girmedi. Öyleyse gerçekte tavaf ettiğimiz şeyin kendi doğruluğumuz ve dürüstlüğümüz olduğunu idrak edersek, yani kendimizdeki Allah'ın hakîkati olduğunu idrak edersek o zaman tavaf hakîkatiyle gerçekleşmiş olur. Öyleyse Peygamber'e hitaben gelen ve o mübârek sakalına ak düşüren *'Dosdoğru ol'* emrini aslında bize, müminlere- inşallah mümin olalım- gelen bir emir olarak addetmek lâzım.

NS: Peygamberimiz'in sıfatının "Emin" olması da dosdoğru olmasından mı?

CS: Kesinlikle, ne kadar güzel söylediniz! Yalnız bizim dinimizdeki bir deyim olan sırât-ı müstakîm, Allah'la aramızdaki en dosdoğru yoldur. İnsanın sıratta, yani dengede olması, her ilişkisinde dengede olması Peygamber'in yolundan gitmek demektir. Dosdoğru olmanın bir mânâsı budur. Allah'la aramızdaki en kısa yolda dengede olmak.

NS: Bugün için söylersek hayatımızda ne yapıyorsak bunu tıpkı bir senfoni orkestrası gibi belli bir dengede yapmalıyız. Her âlet kendi çıkarması gerektiği sesi çıkarırsa ondan bir senfoni ve güzel sesler çıkar. Ama aşırılığa gidersek ki, şimdi o aşırılıklar çok teşvik ediliyor, o aşırılıklar sonunda çok çirkin sesler ve nefret edilecek şekilde oradan kaçma arzusu ortaya çıkar.

CS: Ne güzel! Aşırılıklar insanı İslâmiyet'ten, yani teslimiyetten uzaklaştırır. Halbuki eşimizle ilişkide sırât-ı müstakîm üzere olmak, çocuklarımızı sevmede sıratta olmak, ilmimizi istemede sıratta olmak, kendimizi sevdirmede sıratta olmak, hem kendimizi sevmek hem de kendi hiçliğimizi idrak etmek gerek.

NS: Yani bizi sevsinler diye yalan söyleyip hile yapmak yerine dürüst olmak ve de dürüstlüğümüz içinde gördüğü halimizle severse sever, sevmezse sevmez diye kabullenmek lâzım.

CS: Ne kadar güzel söylediniz, ama dürüstüm diye kalp kırmak da ne kadar yanlıştır. Bugün günümüzde çok rastladığımız, batı eğitiminin getirdiği bir şey bu. Dürüst olmak için kalp kırıyoruz. Halbuki dürüstlük kalp kırmamaktır.

NS: Ben çok doğrucuyum, hatta affedersiniz, ben çok dangalak biriyim diyen birçok insan tanıdım. O yüzden de dürüst olduğumuzdan değil, 'dan' diye hiç söylenmeyecek bir şeyi âdap ve edep dışında söylemeyi mârifet zannediyoruz..

CS: O zaman nasıl yapalım? Gene Mevlânâ ne güzel anlatmış *"Fîhi Mâ Fîh"*te demiş ki; bir padişah bir tane falcı çağırdı. Falcı dedi ki, "Efendim oğlunuz sizi öldürecek, çok üzülüyorum." Kesin falcının başını dedi Padişah. Böylece yüz falcının başı kesildi. Nihayet akıllı bir falcı geldi, baktı, baktı, "Ne kadar şanslısınız padişahım, hiç evlat acısı görmeyeceksiniz," dedi. Mevlânâ diyor ki, söylenen söz aynı, fakat söyleyiş tarzı o kadar güzel ki, o zaman karşındakini üzmeden dürüst ve doğru söz söylemiş olursun. Buna tasavvufta ilm-i siyâset denir. Karşımızdakini üzmeden ona hakîkati göstermek ve öğretmek insanın en sırat üstünde olduğu ve dosdoğru olduğu haldir efendim. Dolayısıyla görüyoruz ki, ilişkilerimizin hepsinde dengede olmak lâzım. Doğruyu göstermek, yalandan kaçınmak, öleceğimizi, asılacağımızı bilsek dahi yalan söylememek ve dosdoğru ve dürüst olmak, fakat bu arada da kimseyi kırmamak bizim şiarımız olmalı.

NS: Çünkü gönül kırmak Kâbe'yi yıkmaktır. Çünkü gönül bizim Kâbe'miz ve Mevlânâ her zaman hikayelerinde en büyük saltanat koltuğuna gönlü oturtuyor. Bizim tasavvuf anlayışımız da öyle; gönül bizim Kâbe'miz. Kalbimiz Kâbe'miz olsun diye temizliğine çok dikkat etmeliyiz, zâten onu kırdık mı, Kâbe yıkmış oluyoruz. Hiç farkı yok.

CS: Ne kadar güzel söylediniz. O zaman hürmet ve saygı, aşırılığa kaçmamak oluyor. Bununla da ilgili bizim dînimiz çok güzel örnekler taşır. Muâviye gecede yüzlerce rekât namaz kılarmış, Peygamber'e övünmek için gelmiş ve demiş ki, efendim ben her gece yüzlerce rekât namaz kılıyorum. Peygamber demiş ki, beş vakit namazını doğru kıl, ondan sonra da uyu, sen oğlum. Demek ki, namaz kılmak yahut gece namazı kılmak bir zevktir, fakat uykumuzu fedâ edip düzenimizi bozmak şeklinde olmamalı. Çünkü dosdoğru olmak vücudun da dosdoğru olması demektir. Bir sevgili öğrencim benim kambur olduğumu görünce, hocam Peygamber'e gelen emri mi unutuyorsunuz, dosdoğru olamadığınız için ciğerleriniz doğru çalışmıyor, demişti bana. Ne güzel! Demek ki, her yerde dosdoğru olabilmek ve her organın hakkını verebilmek, demin buyurduğunuz gibi, senfoni orkestrası gibi, her insanın hakkını verebilmek, işte o zaman dünyanın dengesini kurmak ve düzeni sağlamak mümkün oluyor.

NS: Evet, bugün en büyük sorunlarımızdan biri çevre diyoruz. Çevre bir yığın sorunu önümüze getiriyor, ama bunun nedeni o dengeyi koruyamamamız. Onunla oynadıkça o çevredeki, doğadaki her şeyi, insanın hayatındaki, insanın dengesindeki her şeyi bozduk, tabii ki onu geriye tekrar sardıramıyoruz, çünkü geriye dönüşü yok.

CS: Ne güzel söylediniz. İslâm'ı diğer dinlerden ayıran en büyük özelliklerden biri Yaradan'ı her varlıkta, yani böcekte, çiçekte, ağaçta, her yerde seyredebilme kabiliyetidir. Çünkü biz îman ederiz ki, her yerde eser halinde ondan bir mânâ var. Hazreti Fâtih'i hatırlayalım. Ağaç keseni insan öldürmekle aynı seviyede suçlu bulan padişahlarımız olmuş bizim. Demek ki, biz bu mânâdan uzaklaştığımız için dünya bize bugün bu şekilde cevap veriyor.

NS: Bizim bu Duâ Tepe'de, Fâtih Sultan Mehmet'in duâ ettiği rivâyet edilir. Duâ edip ondan sonra Rumeli Hisarı'nı buraya kurdurduğunu söylerler. Evet, onun hikâyesini dinlerken. onun duâ ettiği bir tepede olmak gerçekten güzel,

CS: Hakîkaten bu dengeyi bize öğreten o sultanların mânâsıyla mânâlanmak ve böylelikle her şeye hürmet etmek çok güzel. Hocamız çok iyi hatırlıyorum, çocukken ceviziyle beslendikleri ağacı, benim sütanam diye her sene ziyarete giderlermiş. O zaman yaratılmışta her şeye hürmet etmek, hakîkaten Yaradan'ı sevmekle aynı mânâya gelir.

NS: Zâten Türkler'in kültüründe de her çocuk doğduğunda bir ağaç dikmek vardı. Ağaç her şeyden kutsaldı. Ağacı, hayvanı keserken özür dilerlerdi. Hâlâ Orta Asya'da bunu yapanlar var, eski kültürden bazı insanlar. Yani biz ihtiyacımız olduğu için bir şeyleri yapıyoruz, kesiyoruz veya biçiyoruz, ama biz aslında Allah'ın koyduğu bu güzellikleri O'nun cemâli olduğu için bozmaya haddimiz yoktur, diye düşünüyoruz.

CS: Ne güzel söylediniz, bu arada hayvana hürmetten de ben biraz bahsetmek isterim. Yani hayvanlara eziyet etmek, hâşâ, insanlık dışı bir harekettir. Hayvanları sevmek, onlara hürmet etmek, insanı Allah'a yaklaştıran bir yoldur. Hadîs-i şerifte kapına gelen köpeği benden farklı mı sandın ki, onu aç bıraktın ya Mûsâ, der. Demek ki, Allah her yerden tecellî eder.

NS: Her yerden tecellî eden Allah'ın ismiyle *Mesnevî*'ye vedâ ederken bugün için de diyelim ki, "Allah dürüst kulunun yanındadır ve Allah her yerdedir."

ÇALIŞMAK

NS: Mesnevî Okumaları'ndan hepinize merhabalar efendim. *Mesnevî-i Şerif* bugün bize çalışmak ile ilgili bir öykü anlatacak. Çünkü konumuz o.

"Çalışıp çabalamak, kazâ ve kadere karşı gelmek değildir."

Çalışıp çabalamak, kazâ ve kadere karşı gelmek, onunla savaşa girişmek değildir. Çünkü bizi çalışıp çabalamaya zorlayan da kaderimizdir.

Îman yolunda, kulluk ve insanlık yolunda yürüyen bir kimse bir nefes ziyan ederse, ben kâfirim.

Kendini zorla 'cebrî' yerine koyma, yapmaya gücün varken işten geri kalma. Başın kırılmamış, yarılmamış, onu bantla sarma. Bir iki gün olsun, bu fânî hayatta boş durma, çalış, çabala, iyi işler yap. Sonra ebedî mutluluğa ulaş, neşelen, gül.

Fânî olan dünyayı arayacak kişi, olmayacak, kötü bir şeyi aradı. Âhireti arayan ise iyiyi, güzeli, doğruyu aramış oldu.

Bu dünya kazancı için didinmek, hilelere başvurmak, çareler aramak soğuk şeylerdir. Ama dünyayı terk etmek için çalışmak, uğraşmak, hatta bununla ilgili işler yapmak yerindedir, doğrudur.

Nedir bu hile, çare? Hile ve çare, dünya zindanının duvarını delip oradan çıkmak ve hapisten kurtulmaktır. Açılmış kurtuluş deliğini kapatmak ise, soğuk ve uygunsuz bir hiledir.

Aslında bu dünya, bir zindandır. Biz de bu zindanda bulunan mahpuslarız. Ey Hak'kı arayan kişi, zindanın duvarını del de kendini kurtar.

Dünya nedir? Dünya Allah'ı bilmemek, Allah'tan gafil olmaktır. Yoksa kumaş, para, kadın ve evlat değildir.

Mala, din için, Allah için sahip olanlar hakkında Resûlullah Efendimiz; 'Bu ne güzel, ne hayırlı mal!'diye buyurdu.

Gönlünde dervişlik havası, aşk havası bulunan kimse de dünya denizinin üstünde batmadan durabilir.

Gerçi bu cihan bütünüyle O'nun mülkü ise de, cihan mülkü O'nun gönül gözünde bir hiçten ibârettir.

Şu halde, gönlü 'minledun' ilmiyle yani ilâhî aşk havasıyla doldur da, onun ağzını bağla ve mühürle.[21]

CS: Ne kadar güzel söylemiş Hazreti Pîr! Gerçekten de gayret etmek Allah'ın en büyük lûtfudur insana. Zîra Peygamber Efendimiz diyor ki, "Bak! Örnek olan her peygamberin bir mesleği var, hepsi çalışarak hayatlarını kazandılar. Benim de bir mesleğim var, hatta iki mesleğim var. Birincisi fakire infak, ikincisi de cehddir. Hiç durmadan çalışmak, hiç durmadan, hiç bıkmadan. Peygamber Efendimiz'i görüyoruz, Hazreti Ayşe'nin deyimiyle devamlı çalışma halinde. Mesela evde, birçok evli erkeğe örnek olacak derecede kendi işlerinin tamamını kendisi yapıyor. Evini süpürüyor…

NS: Kendi düğmesini dikiyor. Söküğünü dikiyor.

CS: Hatta dikiş dikiyor ve modacı, çok iyi bir modacı, dizayn yapıyor, yemek yapıyor, yerleri süpürüyor, evini yapıyor, imar ediyor, savaşıyor, eşine hürmet

21 Şefik Can, *Mesnevî Tercümesi*, Ötüken Neşriyat, İstanbul:2003, C. 1-2, s. 82-83 beyit 976-984, 988-990;
Ken'an Rifâî, *Mesnevî-i Şerif*, Kubbealtı Neşriyatı, İstanbul:2000, s.133 beyit 988-996, 1000-1002

ediyor, ibâdetini hiç bırakmıyor. Peygamber'i bir an boşta görmüyorsunuz.

NS: Abdest suyunu bile kendi hazırlıyor, koskoca güzelim Peygamber.

CS: Düşünebiliyor musunuz, işte koskoca Peygamber diyorsunuz. Daha önceliği, Peygamberlik'den önceki devrede de hiç boş durmamış ki! Hira Dağı'nda devamlı Allah arayışı içerisinde kendi tefekkürüyle çalışmaya devam etmiş.

NS: İnsanlara hizmet etmiş.

CS: Dâima! Demek ki, insan dâima çalışma halinde olmalıdır. Bana, bize diyebilirler ki, nasıl olsa kader, sonuç belli değil mi? Her şey Allah tarafından programlanmamış mı? İyi de biz kaderimizi bilmiyoruz ki ve Allah bana gayret et, diyor. Gayret et, diyorsa benim vazifem Sevgili'me uymaktır. Çok hoş bir hikâye var bizim evde geçen. Benim oğlum elektronik mühendisliğini bitirirken anneannesine dedi ki, anneanneciğim artık bir tek dersim kaldı, sen de biraz Allah sevgilisisin, sen şöyle elini kitabıma uzat, hangi sayfaya değersen ben oraya çalışayım, nasıl olsa geçerim. Annemin cevabı hârikulâdeydi: Oğlum, sen birinci sayfadan sonuncu sayfaya kadar çalış ki, ben de Allah'a duâ etmek yüzünü bulayım kendimde. Ne kadar güzel değil mi?

NS: Çok güzel! Öyle Milli Piyango gibi çekiliş yok yani.

CS: Katiyen yok. Demek ki, gayret etmeden neticeye ulaşmak mümkün değil. Gayretin neticesidir Allah'ın bize uzanışı.

NS: Bugün çok ciddi bir eksikliğimiz gayret etmek, şundan dolayı: Bir kısım insan diyor ki, zâten benim ne bu televizyondaki hayatlara, paralara, ne bu gördüğüm arabalara erişme imkânım yok, en iyisi ben hiçbir şey yapmayayım. Bir kısmı diyor ki, benim zâten arkam yok, dayım yok, amcam yok, zâten bana kimse iş vermez, ben hiç gayret edip de bir yerden bir şey aramasam da olur. Bir kısmı da diyor ki, canım ben okuyamayacağım nasılsa, param yok, okuyamadıktan sonra meslek falan ne gerek var? Şimdi meslek diye beni çırak olarak verecekler, orada da usta bana bağırıp çağıracak, ben kimseyi çekemem. Hiç kimsenin bağırmasına falan gelemem. O yüzden de ben işsiz güçsüz oturayım, annem babam bana baksın ki, anne babalar çocuklara bakıyorlar, evlendiriyorlar, hatta evli, çocuklu, işsiz, birçok böyle insan da var hayatımızda. Yani çalışmanın anlamını onlara tekrar anlatmamız gerekiyor belki de.

CS: Ne kadar güzel söylediniz! Tahammülümüz çok azaldı. Bir tane usta çırağını yanına almış, çırak sizin buyurduğunuz gibi her şeyden şikâyetçi, onu beğenmez, bunu beğenmez. Götürmüş onu, yanına da tuz aldırmış. Önce bir bardak suyun içine koca bir kaşık tuz atıp karıştırmış ve iç bunu, demiş. Çırak püskürtmüş gene şikâyet ederek, ay, bu felâket bir şey diye. Sonra aynı miktar tuzu bal gibi bir havuza döktürtmüş, onun içine koydurmuş, tabii tuz çok az olduğu ve havuz çok büyük olduğu için suya karışmış, tuzu hissetmeden adam lokur lokur oradan su içmiş. Gördün mü, demiş, gönlünü bardak kadar dar tutarsan, hâdiseler sana hep sıkıntı ve belâ verir; genişletirsen, o zaman ne girerse girsin bal gibi olur hayatın, demiş.

NS: Gönlümüzü genişletmemiz esas olan.

CS: Evet, Allah'la irtibatı arttırırsak, bir kere en büyük problem torpili insandan beklemektir. İnsanın insana zerrece faydası olmaz, ancak Allah'ın insana faydası olabilir. O zaman Allah'ın gayreti için hani benim gayretim, Allah'ın gayretini yerine getirmek için duâ gayretini göstermem lâzım. Ben Allah'a yakarayım ki, O bana ulaşsın.

NS: Siz karar vermeyin; zâten bana vermez, iki ekmek iste, gerisini boş ver dememiz hiç bizim haddimiz değil. Çünkü o bizden sonsuz rahmeti ile isteyin siz, benden isteyin, ben veririm, diyor.

CS: Ne kadar güzel! Peygamber'e bakar mısınız, mîraçta kendi gayretiyle yükseldi tâ ki, Allah O'na tenezzül edene kadar. Demek ki, gayret insanı tâ mîraca kadar yükseltebilecek güçte. Mevlânâ diyor ki, şükür memesini em ki, Allah şükredecek şey versin sana. Demek ki, sen şükür, şükür, şükür demezsen, karşılığında şükredecek bir şey sana erişmiyor, ulaşmıyor.

NS: Var olana şükretmezsek yenilerini Hak Teâlâ'nın vermesi için bir neden olmuyor.

CS: Ne kadar güzel söylediniz. Hazreti Hatice'ye bakıyoruz, ömrü boyunca ticaret yapmış, hizmet etmiş ve Peygamber, en sevdiği eşini asla ticaretten mahrum etmemiş. Mekke'de, Medine'de, Anadolu'da kadınlar öğretmenlik yapıyor, çalışıyor, hizmet ediyorlar.

Allah bir çok âyetle ve hadisle maddî ticaretin ne kadar önemli olduğunu anlatıyor, insanları çalışmaya yönlendiriyor. Peygamber Efendimiz yolda giderken fakire para vermiyorlar, dönüşte veriyorlar. Niye dönüşte verdiniz, diye sorulduğunda elindeki sopayla toprakta bir şeyler çiziyordu, hareket ediyordu, çalışıyordu, onun için para verdim buyuruyorlar. Demek ki, gayretin çok büyük önemi var. Ama maddî ticaret kadar mânevî ticareti de yapmak lâzım. Yani iyilik et ki, kazanasın, hizmet et ki, hizmet bulasın.

NS: Tek yönlü hiçbir şeyin faydası yok yani. Para kazanmak için çalışıyoruz, uğraşıyoruz, didiniyoruz, ama mânevî dünyamız için tembellik ediyoruz. O zaman tembel sayılırız, çünkü bir taraf tembel, bir taraf çalışkan olmuyor. Her ikisinde de gayretimizi göstermemiz lâzım.

CS: Ne kadar güzel söylediniz! Tembel olmakla da kalmıyoruz, mânevî dünyamız için çalışmazsak, maddî çalışma bizi bir sürü ruhsal hastalıklara sürüklüyor. Çünkü demin buyurduğumuz gibi maddî çalışmanın karşılığı olmaz. Halbuki mânevî çalışmada Allah, yakınlığıyla cevap verir Allah ki, karşılığı vardır. Dolayısıyla maddî ve mânevî çalışmayı sırat üstünde dengeleyerek birlikte götürürsek, işte ancak o zaman hakîki anlamda çalışmış oluruz.

NS: Rûhumuzu beslemiş oluruz. Rûhumuz var edilir, gönlümüz zenginleşir. Hastalık hastası halinde olan durumumuz, çağın hastalığı dediğimiz birçok hastalık da, işte bu yoksulluktan, gönlün kararmasından oluşuyor.

CS: Ne kadar güzel söylediniz. Hocamın üst katında oturan bir Cennet hanım varmış. Cennet hanım tamamen maddiyatla meşgul bir hanımefendiymiş. Bir gün hastalanmış, etrafındaki herkes yok olmuş. Hocama sormuşlar, yukarıda bir Cennet hanım vardı, ne oldu? Cehennem hanım oldu, demiş. Demek ki, sırf maddî dost, maddî arkadaş, maddî çalışmalar insanı en ufak bir zaafında hemen yok etmeye doğru yöneltir. Ama mânevî zevkler, mânevî hayat ve hoşgörü, güzel karşılama, pozitif olmak dâima insanın etrafına insanları toplar ve birlikte olmayı sağlar. Ne güzeldir, iki komşu yan yana satış yaparlar, hep birisinden alışveriş yapar insanlar. Niye diye sorunca, onun yüzü sirke satıyor, bunun yüzü bal satıyor, onun için bal satanı tercih ediyoruz derler. Öyleyse güler yüzlü olmak da bir çalışma değil mi efendim? Mesela sabahleyin kalktığımızda güler yüzle kalkmak. Tebessüm insanı hayvandan ayıran en büyük özellikmiş, dolayısıyla Peygamber'in özelliği. İşte o en büyük çalışmadır. Sonra insanlara hizmet etmek en büyük çalışmadır. Tefekkür edip Allah'ı düşünmek en büyük çalışmadır. Öyleyse gayret sadece şeklî olmaz. Maddî, mânevî gayret içinde olmak lâzım.

NS: Her ikisi bir arada yani. Sadece kabukta kalmak değil, ama kabuğu da hakir görüp dünyadan el etek çekmek de değil.

CS: Ne güzel söylediniz. Mehmet Âkif'in inanılmaz şiirini hatırladım şimdi. Eğer Türk milleti çalışmayıp sadece tevekkül etseydi, Kur'an mânâsını onların üzerinden çekerdi, diyor. Ne kadar güzel! Demek ki, tevekkül çalışmanın sonucunda olması gereken bir şeydir. Yani ben gayretimi gösterip yüzüm ak şekilde Allah'ın huzuruna çıkarım, sonraki sonuca tevekkül ederim. İşte mesele, bu ikisi arasındaki dengeyi kurmaktır.

NS: Ama hiçbir şey yapmadan ben tevekkül ettim de, onun için hiçbir şey yapmıyorum, gerek yok zâten demenin bir âlemi yok.

CS: Buna tasavvufta cebrîlik deniyor. Yani yapan, yaptıran Allah, nasıl olsa ne isterse onu yapacak. Bu yalancı bir cebrîliktir, insanı felâkete götürür. Evet, yapan yaptıran Allah'tır, ama gayret istemektedir senden.

NS: Çünkü bize irâde vermiştir, değil mi? O irâdeyi kullanmamızı istiyor. O irâdeyle zâten imtihanlarımızın üstesinden gelmemiz mümkün. İrâdemizi kullanmak için bizi teşvik ettiğinde, yok istemem, ben tembellik edeyim, diyoruz.

CS: Ne kadar güzel! Kaderinde insanın kâtil olmak varsa insan kâtil olacaktır, ama sizin buyurduğunuz gibi irâdesi ve gayretiyle insan öldürmeyi savaşta yaparsa kahraman olur. Gene kâtil ama kahraman olur. Öbür türlü yaparsa, nefsi için öldürürse o zaman ahlâksız ve kâtil olur. Demek ki, insan gayretiyle her kötülüğü güzelliğe çevirebilecek güçtedir. Allah onu nasip etsin. Burada da Hazreti Yûsuf'u satın almaya gelen koca karı aklıma geldi. Sen bir koca karısın, bu Allah sevgilisi, bu güzeli nasıl alacaksın dediklerinde, belki alamam ama Allah'a karşı hiç olmazsa bir sevgiliyi almak için mücâdele ettim, gayret ettim derim, demiş.

NS: Evet, mücâdele etmeyi Allah nasip etsin bize. Bugün de *Mesnevî*'miz bitti ve hepinizin bildiğini aslında söyleyerek kapatalım sözümüzü, "çalışmak ibâdettir."

EDEP

NS: Mesnevî Okumaları'ndan hepinize merhaba efendim. Evet, bugün da bakalım *Mesnevî* bize hangi hikâyeyi sunacak? Hikâyemizi elbette bugünkü konumuzla ilgili seçtik, yani edep. Tasavvufun temeli edeptir. Kültürümüzün de temeli âdap ve edeptir, ama edepsiz sözcüğü çok kullanılmasına rağmen edepli pek kalmadı galiba. Edepli sözcüğünü o kadar sık kullanmıyoruz. Ama bakın *Mesnevî* edebi nasıl târif ediyor?

"Edep, edepsizlerin kabalıklarına sabretmektir."

Ey müslüman! 'Edep nedir?' dersen, bil ki edep; edepsizlerin her işine, kabalıklarına, kötü sözlerine sabretmekten ibârettir.

Kimi 'Filanın tabiatı pis, huyu kötü' diye şikâyet ediyor görürsen...

Bil ki, bu şikâyet eden kötü huyludur. Çünkü o kötü huylunun kötülüğünü söylemektedir. Çünkü güzel huylu kişi, kötü huylulara tahammül eden, onların kötü huyunu görmeyen ve söylemeyen kişidir.

Ama şeyh birinin kötülüğünü söyler, birinden şikâyet ederse bu şikâyet Hak'kın emriyledir, kızgınlıktan değildir.

Şeyhin kötülükten, kötülerden şikâyeti, şikâyet değildir. Peygamberlerin şikâyeti gibi huyun güzelleşmesi, rûhun ıslahı içindir.

Bil ki, peygamberlerin tahammülsüzlüğü Hak'kın emriyledir. Yoksa onların yumuşak tabiatları kötülerin yüklerini de çeker. Yani onların zulümlerine de katlanır.

Peygamberler, kötülüklere tahammül ede ede tabiatlarını değiştirmişler, nefsânî huylarını yok etmişlerdir. Tahammülsüzlük göstermeleri Allah'ın emriyledir ancak. [22]

Evet, kâinatta her şey, elbette her hâdise O'nun dediğiyle oluyor. Evet, Cemâlnur Sargut hanımefendi, edep.

---

22 Şefik Can, *Mesnevî Tercümesi*, Ötüken Neşriyat, İstanbul:2003, C. 3-4, s. 440 beyit 771-778

CS: Ne güzel bir şey edep! Hocam diyor ki, 'edep tacını başına giy', nereye gidersen git, seni korur. Edep, her yerde ve her şeyde Allah'ı görme kabiliyetidir. O halde yapanın, yaptıranın O olduğunu idrak etmedir. Onun için Hazreti Mevlânâ, 'edepsizin edepsizliğine tahammül edeptir', diyor. Zîra diyor ki, ondan tecellî eden güç de Allah'a aittir. Beni onun vasıtasıyla terbiye ediyor. Dolayısıyla ona tahammül etmek, Allah'a ben senden memnunum, nidâsıdır. Edebin en güzeli rızâ makamıdır. Yani hocamın dediği gibi birisi ona Allah sizden râzı olsun deyince, önce ben Allah'tan râzı olayım, demiş. Aman ne demek istiyorsun dediklerinde, O'nun her verdiğinden, her yaptığından memnun olayım ki, O da benden râzı olsun, demiş. İşte edebin hakîki târifi budur. Her yerde tecellî eden Allah'tır. Ne diyor güzel Peygamber? *"Allah bana edebi nasip etti ve edebimi de güzel eyledi."* Peygamber'in kendisine en ağır muamele edenlere bile hürmetle ve edeple davranması, karşısında Allah'tan gayrısını görmemekten ileri gelir. İşte tevhid ve birlik ki, edebin sonucudur, yaratılmışı her yerde seyretmenin zevkidir. O halde incinmemek ve incitmemektir, yani işin özü bu.

NS: İncitmeyelim ki, incinmeyelim.

CS: Ne kadar güzel. Hadi incitmemek daha kolay, ama incinmemek nasıl olur derseniz, yapanın yaptıranın O olduğunu idrak ederseniz, kimden ve neden incineceksiniz? Ama biz hep aradaki sebeplere takılıp kaldığımız için sebebe göre muamele etmeyi tercih ediyoruz. Edebin iki türü vardır: Şeklî edepte yaratılmışı seyrederken herkese hoş davranmak, herkese hürmet etmek, hatta herkesi de birazcık sevebilme kabiliyetidir. Yani ne yapayım, bunun davranışı böyle ama, bu da Allah'ın hoş kulu, diyebiliriz...

NS: Huyları da kötü olsa veya şeklen bizden çok farklı biri de olsa o insana tahammül etmek herhalde.

CS: Ne kadar güzel söylediniz! İşte onun adına edep denir. Çünkü o da yaratılmış, bizi terbiye etmek için Allah'ın lûtfettiği bir vasıtadır.

NS: Yani yaratılmışı Yaradan'dan dolayı sevmekle mükellef durumdayız.

CS: Ne kadar güzel! Eğer yaratıcıyla meşgulsek, O'nun bu dünyadaki çeşitli isimlerine takılıp kalmaktan kurtuluruz, Zât-ı İlâhî'yle meşgul oluruz.

NS: Yani mümin olmanın temeli bu değil midir?

CS: Kesinlikle böyle. Neden? Çünkü biliyorsunuz bütün renkler renksizlikten var olmuştur. Renksizlik

Allah'ın Zât-ı İlâhî'si gibidir. Ama bu âleme gelince yedi renge ayrılır, tıpkı Allah'ın doksandokuz ismine ayrıldığı gibi. Bu yedi rengin de sonsuz tonu vardır, tıpkı doksandokuz ismin bizlerde sonsuz tecellîsi gibi.

NS: Rab'bimizin de sonsuz ismi var.

CS: İşte O'nun büyüklüğü, güzelliği ve sanatının ne kadar güzel olduğunu anlatıyor bu. Dolayısıyla edep bu sonsuz ismi idrak edebilmek, hepsini O'nun bir parçası olarak görebilmektir. Tabii ki, insan Peygamber'ini severse edebi kolaylaşır. Çünkü Allah sevgilileri bizim halkı sevmemizi kolay hale getirirler. İşte o yüzden de Allah sevgilileriyle irtibat, edebin çoğalmasına sebep olur.

NS: Yani bugünkü dille söylersek bizim rol modelimiz, örnek alacağımız insan Peygamber Efendimiz'dir. Hadisleri ve hayatı bize örnek olmuş.

CS: Ne güzel ve de O'nun bu âlemdeki vârisleri bize örnektir. Edep aynı zamanda bu vârislere hürmet ve saygıdır. Çünkü bu hürmet ve saygı, onlardaki Allah'a hürmet ve saygıdır. Dolayısıyla onların şekline saygıya onların ihtiyacı yoktur. Öyleyse maddî edep hürmet ve saygıysa, mânevî edep başına gelen hâdiselerden dolayı şikâyeti terk etmektir. Neden şikâyet edeceğiz ki?

NS: Günümüzün şikâyetçi insanına 'Edep ya hu!' diyen sûfîler gibi.

CS: Evet, maalesef ne acı ki, insanlar birbirleriyle konuşabilmek için konu bulamadıklarından dâima hayatlarından şikâyet ederek birbirleriyle konuşuyorlar. Halbuki hayatımız Allah'ın bize bir lûtfudur. Her yerde Allah'ı idrak eden için şikâyet edecek bir konu kalmaz ve o edep ehli olur, değil mi efendim?

NS: Elbette. Yani hayatı şikâyet edilecek, kötü ve bizim de şanssız bir kul olduğumuz gibi bir düşünceye sahip insanın mümin olması çok da mümkün değil.

CS: Çok güzel buyurdunuz. Zîra bu âleme gelmek Allah'ı tanımak için yegâne fırsattır. Allah'ı tanımak, ona âşık olmak için yegâne fırsattır. Bir kere O'na âşık olursanız, görürsünüz, bu dünyadan daha zevkli bir âlem düşünülemez. Zîra insan Allah aşkıyla meşgulse bu dünya baştan aşağı cennet kesilir ve insan daha şeklen bu dünyadayken âhireti idrak eder.

NS: Ne güzel! Allah onu nasip etsin, çünkü burayı güzel huylarla kendimize ve çevremize de cennet kılabilirsek, öbür dünyada, âhirette de zâten yerimizi belirlemiş oluyoruz, birazcık.

CS: Ne kadar güzel söylediniz. Öyleyse edep her şeyden memnun olma kabiliyetidir. Burada bir şey anlatmak isterim. Bir gün birisi, o kadar sebepsiz olduğunu düşündüğüm bir şekilde beni çok azarladı. Eve geldim, *Mesnevî*'yi açtım, Allah'ıma dedim ki, ben bu azarlamadan memnunum, ama nedenini öğrenmek istiyorum. *Mesnevî* de mürşit bir kitap olması hasebiyle şöyle diyordu: "Çamaşırı kuruyken ıslatıyorsun, sonra tekrar kurutuyorsun. Madem tekrar kurutacaksın neden bunu yapıyorsun? Çünkü başka türlü temizlenmiyor. Öyleyse seni de temizlemeleri için ara sıra suya batırıp çıkarmaları lâzım". Bunu idrak edince her şeyden memnun olmayı öğreniyorsunuz efendim.

NS: Ne güzel, *Mesnevî* hemen doğrudan cevap veriyor insana.

CS: Kesinlikle doğrudan cevap veriyor. İşte o zaman edep kazanmak için *Mesnevî* çok rahat ettirici bir şey. Gene bir keresinde Allah'ım benim kadar seni seven var mı? deme edepsizliğinde bulunmuştum. Hemen *Mesnevî*'yi açtım. Hazreti Mûsâ da aynı soruyu sormuş, Allah'ım acaba benim kadar seni seven var mı diye, bak ya Mûsâ demişler, Tûr Dağı milyonlarca Mûsâ kesilmiş. Allah'ın hazinesi çok büyük! Hiçbirimiz yegâne değiliz. Hepimiz kulun kuluyuz. İşte bunu idrak ettiğimiz zaman, aczimizi, hiçliğimizi, dâima en son olduğumuzu idrak ettiğimiz zaman edep içinde yaşıyoruz ve ispatımız da artıyor.

NS: Nefis putunu kırmak da ancak bu edeple mümkün olabilir herhalde.

CS: Kesinlikle edeple mümkün. O halde edep tacını başımıza geçirelim. Hocamın dediği gibi 'Ayıran Âdem'i hayvandan edeptir'.

NS: Ne güzel… Ne güzel târif!

CS: İnşallah!

NS: Hocam, bugün Kadir gecesi ve Kadir gecesine edep yakışır, elbette. Kadir gecesi bir gece değildir. Mümin Kadir gecesini bütün gecelerde aramakla yükümlüdür ama bugün Kadir gecesini kutlarken aynı zamanda edebi nasıl yaşayalım?

CS: Ne kadar güzel söylediniz! Kadir gecesi ve edep bu kadar birbirine uyabilir. Kadir gecesi Allah'ın kadrini, kıymetini idrak etmemiz gereken gecedir. Hani gecenin son üçte birinde Allah'ın zuhûru gibi, en sıkıntılı ay olan Ramazan'ın, sabır ayı olan Ramazan'ın son üçte birinde herhangi bir gece Allah'ın mânâsı gönlümüzün içine iner. Sabredenin gönlüne iner. Bu gece gönüllere inme gecesidir. Bu gece Allah'ın bütün gecelerden daha özel gecesidir. Kur'ân'ın mânâsını idrak etmeyi, Peygamber'le hemhal olmayı ve O'nu çok sevmeyi Allah bize nasip etsin ki, edep kavramı üzerimizde hal haline geçsin inşallah efendim!

NS: Esas önemlisi o. Yani Kadir gecesini aramamız gönül ehli yapmak için, gönlümüzü kirden, pastan arındırmak nefisten kurtulmak, egomuzdan, ben demekten kurtulmak için. Bu Kadir gecesini değerlendirirken, aynı zamanda bunun bir gece olmadığının da farkına varmamız gerekiyor.

CS: Son on gün içerisindeki herhangi bir gece olabilir. Hazreti Ali, Kadir gecelerinden birinde şehit olmuştur. Bir mürşit o gecede şehit olursa, bize de ölmeden önce ölmeyi Kadir gecesine bırakın, demek ister. Yani nefsinizden bu gece ölün. Ölün ki, Allah'la dirilin. Diyeti Allah olsun, mânâsı giyilsin. Hayatınız kadir kıymet olsun ve sizin de kadriniz, kıymetiniz bilinsin, diye bize öğretir Hazreti Ali inşallah!

NS: Evet ve duâlar gerçekten bu gece Hak'ka ulaşsın inşallah, Rab'bimize ulaşsın. Hem Ramazan hem Kadir gecesi, iki şenliği bir arada yaşamak ne güzel nasip oluyor insana.

CS: Evet. Zâten Kadir'in şefaatine erer de inşallah nefsimizi katledersek, o zaman sonunda bayram oluyor, değil mi? Bayramın mânâsı da budur ki, hakîkaten

Allah bizi, sevgili kulum, sen bana erişmek için uğraştın, ben sana bu şekilde eriştim, senin hayatını bayram kıldım, diye değerlendirir efendim.

NS: Demek ki, hayatımızı bayrama çevirmek sadece bir ayla sınırlı değil. Evet, bu bir prova ayı belki, ama bu prova yaptığımız otuz günü hayatın her anına yayabilmek, o provayı gerçek hâle çevirip hâl dilinde Kadir gecesini idrak edebilmeyi dileyelim.

CS: Âmin efendim, inşallah! Sabrın sonu selâmet olsun inşallah! İyi bayramlar.

NS: Sabır, edebin en önemli taşlarından biri, değil mi?

CS: Evet. Sabır ayında sabırla Kadir'e ermeyi Allah nasip etsin inşallah!

NS: İnşallah! Evet, sevgili izleyicilerimiz inşallah Kadir geceniz mübârek olur ve son on günde aradığımız, yaşadığımız Kadir gecesinde gönlümüzün nurla dolmasını temennî ediyoruz. Ayların en mübâreği olan Ramazan'da gönlünüz, rûhunuz, her yeriniz nurla dolsun ki, biz de bu nûru etrafımıza, ülkemize yayabilelim. Yine konumuzla kapatalım o zaman. "Edep nedir? Edepsizlere tahammül etme edebidir", diyelim.

İÇ DÜNYAMIZ

NS: Mesnevî Okumaları'ndan merhabalar efendim. Bugün *Mesnevî* bize bakalım hangi hikâyesiyle göz kulak olacak? Bugünkü konumuz gerçekten güncel hayatımızı çok ilgilendiriyor. İç dünyamızı nasıl yapılandırırız? Ne demek bu iç dünyası? Gönül ne demek? Yani gönül bizim bugünkü deyimimizle iç dünyamızın olması, duygularımız, içimizdeki istekler, egomuz dediğimiz nefsânî arzular, yılgınlıklar, öfkeler, bu duyguların yaşanma hali. İç dünyamızı bastıracak çok şey yok mu? İnanılmaz gürültülü mekânlar, gürültülü müzikler, gürültülü tenekeden arabaların içine hapis olmalar, içki, sigara, uyuşturucunun her cinsi, hepsi uyuşturuyor bedeni, aklı ve bütün beş uzvumuzu uyuşturup içimizde gönül olmasını, bir iç dünya varlığını engelliyor. O yüzden burada seçtiğimiz öykünün başlığında diyor ki;

"Ulemâ der ki, insan küçük âlemdir, oysa Allah hâkimleri ulemâsı der ki, insan büyük âlemdir".[23]

Çünkü insanın dış görünüşüne göre karar verir, bilgileri o kadardır bazılarının, ama Allah hâkimlerinin bilgileri ise hakîkatte insanın küçük varlığına, insanın iç yüzüne göredir. Bu görüşün anlatılması hikâyesi:

"Uzun bir ayrılığa düşmüş, pek çok imtihana maruz kalmış bir aşığın hikâyesi"

Bir genç, bir kadına çılgınca âşıktı, fakat zaman bir türlü kavuşup buluşmaya fırsat vermiyordu.

Kadının aşkı o genci çok hırpalıyor, perişan ediyordu. Adeta âşığa işkenceler çektiriyordu, bilinmez ki aşk, neden önce âşığa kin bağlar?

Aşk neden önce bir kâtil gibi davranır. Herhalde gerçekten âşık olmayan kişi, bu sevdadan vazgeçsin diye.

O genç, kadına aracı olsun diye adam gönderecek olsa, giden adam hasedinden buluşma yolunu kesen haydut kesilirdi.

Sevgilisine bir mektup yazıp gönderse, o mektubu kadına okuyan kişi sözlerini değiştirerek okurdu.

---

23 Şefik Can, *Mesnevî Tercümesi*, Ötüken Neşriyat, İstanbul:2003, C. 3-4, s.417

Vefâsını bildirmek için seher rüzgârını gönderse, o rüzgâr öfkeli esmeye başlar, tozu duman kaldırır, etrafı katardı.

Bir mektup yazdırsaydı da kuşun kanadına bağlasaydı, kuşu kanadı mektubun hararetinden tutuşup yanardı.

Allah'ın gayreti, kıskançlığı çare yollarını kapatmış, düşünce ordusunun sancağını kırmıştı. Önceleri bekleyiş, onun gamının, kederinin yakın dostu olmuştu. Sonunda bekleyiş düşüncelerini de kırdı, mahvetti.

O genç âşık bazen; 'Bu aşk devâsız bir derttir, bir belâdır' diyordu. Bazen de; Hayır, hayır, rûhumuzun gıdası, hayatımızın canıdır, bizi aşk yaşatıyor.' diye söyleniyordu. [24]

Evet, hikâyemiz daha uzun, ama Cemâlnur Sargut hanımefendi devam eder nasıl olsa. Efendim, bugünün dünyasında daha çok şehvet üzerinden söz edilen aşktan bahsediyor *Mesnevî*. Bizim kendimizi dinlememize, kendimize dönmemize engel olan bir şey, duygularımızı bir kötü yapıyor, bir uca götürüyor; bir alıyor, öbür uca vuruyor.

---

24 Şefik Can, *Mesnevî Tercümesi*, Ötüken Neşriyat, İstanbul:2003, C. 3-4, s. 370 beyit 4749-4758

CS: Şimdi aşkın hakîkatini, tabii aşkın sahibinden dinlemek lâzım. Fuzûlî diyor ki;

"Âşık oldur kim kılar canın fedâ canânına,
Meyli-i canân etmesin her kim ki kıymaz cânına."

Yani aşk insanı maddî varlığından temizleyen, arıtan ve tamamen kendi nefsinden kurtarıp baştan aşağı ruh bırakan bir güzel his ve duygudur. Allah insanı aşkla yaratmış, aşkla kendisine doğru çeker. Burada hikâyenin başında buyurduğunuz ulemâyla hikmet ehlinin farkı da budur. Ulemâ aşk işini ilimle bilir, ilimle onun hakkında birçok fikirler ileri sürer, tartışır, yorumlar yapar. Hikmet ehli aşkı aşkla bilir. Onun ilimle bildiği bir şey yoktur, o yaşadığı şeyi bilir, yaşadığı şeyi söyler. İşte insanın iç mânâsını adam etmesinin tek yolu aşk ve hikmettir. Hikmet her yerde Allah'ı seyretme kabiliyetidir. Her şeyden Allah'la ilgili bilgi çıkarma, tefekkür etme kabiliyetidir. Doğrusu tek başına yapılacak bir şey değildir. Ancak âşığın becerebileceği bir iştir. Onun için hikmet ehliyle felsefecinin arasında çok büyük farklar vardır. Ben âcizane kendi varlığımızı adam etmenin en güzel yolunun Kur'ân-ı Kerîm'de bir hikâyenin anlatımı olduğunu düşünüyorum, eğer izin verirseniz.

NS: Estağfurullah!

CS: Mâlûm-i âlîniz Mûsâ ile Hızır hikâyesidir bu. Mûsâ her şeyi bilir, her şeyi en iyi bilendir. Allah, Mûsâ'ya sen ne bilirsin, der. Mûsâ, her şeyi, der. Allah, o zaman sana bir mürşit lâzım, der ve ona Hızır *(a.s.)*'ı yollar. Hızır da üç kere itiraz edersen senden ayrılırım, der. Beraber yola çıkarlar ve bir gemiye binerler. Altını deldiği gemi o benlik gemisidir. Yani mürşid-i kâmil bizim benlik gemimizin dibini deler. 'Ben', diye çıkarken bir şey bilmiyormuşum demeye başlarsın. Bu gemi iki yetime aittir aslında, bu iki yetim bizim gönlümüz. Yani kalp denen bu et parçasının üstüne Allah'ın ışığının ve nûrunun vurmasıyla aydınlanan gönlümüz ki Allah'tan direk gelsin diye deler, sonra çocuğun başını keser Hızır. Yani bütün aşırı arzu ve isteklerimizi öğretmenimiz keser ve yok eder. Ondan sonra ahlâksız şehir olan bu varlığımıza bir duvar örer. Yani tekrar eski edepsizliğimize dönmeyelim diye. O halde vücudun mamur olması için önce nefsin delinmesi lâzım, sonra aşırı isteklerimizin tek tek yok edilmesi lâzım. Bu nasıl olur? Hani bir hikâye anlatmıştık, hatırlarsanız adam Peygamber'e âşık olmuş, kumara gidecek, Peygamber'e de söz vermiş yalan söylemeyeceğine dair. O gece kumardan vazgeçmiş, ertesi gün kötü bir eve gitmekten, tek tek bütün kötü huylardan vazgeçmiş. Allah aşkıyla dolan kişi, Allah'ın istemediği şeyi yapmaktan edep eder. Dolayısıyla bütün kötü huyları kesilir. Sizin buyurduğunuz o yanlışlar, çirkinler, uyuşturucular ve insanı Allah'tan alıkoyan ve mahrum eden her şeyden uzaklaşır.

NS: Bunun için aslında içimizde bir ses vardır, özümüzde, kalbimizde, ona kulak vermemiz lâzım. Mevlânâ hep, kalbini dinle, kalbini dinle der. Yani gönlüne seslen, bugünün psikoloji ilmi, öz varlığınız diyor. İçimizde 'doğru' diyen bir şey vardır, ama biz onu hep bastırırız. İnsanlar hep bastırır ve bastırmak için bu araçları kullanırlar.

CS: Ne kadar güzel söylediniz. Biz onun adına vicdan diyoruz. Aslında vicdanın hârikulâde bir târifi var: Vicdan kalbin ruha bakan yönüdür. Biz ise kalbi hep nefse bakan yönüyle âşikâr ettiğimiz için kime âşık olalım, kimi sevelim, kim beni beğensin ya da en çok kimi seveyim diye hep bu uğraşılar içindeyiz. Hep beğenilmek ihtiyacı içindeyiz. Halbuki kalbin ruha, yani Allah'tan direk gelen diri tarafına bakmak nasip olursa o zaman bu yanlış, bu doğrudur diye ayırmak mümkün oluyor. Bunun için de sizin buyurduğunuz çok doğru. Allah'ın nûr-i ilâhîsinin -ki, Allah *"Ben yerlerin ve göklerin nuruyum"* diyor âyet-i kerîmede- bu gönüle doğması lâzım. Bu da Allah'ın insana bir lûtfudur. O doğduğu zaman insan hayvanlıktan insanlık makamına çıkar. Vücut aydınlanır, nefis der ki, ben bir işe yaramıyormuşum, ruh varmış. Ve nefis, ruha secde ettiği anda vücut içinde birlik hâkim olur. Birlik hâkim olunca sonunda derler ki, bir de müslüman olsak; Yûsuf Sûresi böyle bitiyor. Müslümanlık da Allah'a tam mânâsıyla teslim olmak demektir.

NS: Yani Ramazan ayının anlamı da budur zâten. Tam teslimiyet. Mümin olmanın anlamı da teslimiyet. Yani mümin olmak için şekli olanları yapmak yeterli değil.

CS: Ne kadar doğru söylediniz. Mümin olmak, şekli Allah'a doğru seyahat haline getirmektir. Namazı, orucu, zekâtı hep Allah'la ilişki kurmak için bir fırsat oluşturmak için kullanmaktır. Çünkü tapılması gereken Allah'tır. Din aracıdır, ibâdet aracıdır, ama gidilecek nokta Allah'tır. Dine taparsak, namaza taparsak, oruca taparsak o zaman şekle tapmış oluyoruz.

NS: Onların hepsini şekil putu haline getirmiş oluyoruz. Onun için de aslında bugünkü hayatımızda, işte iki tane kadın olsun, beş tane daha olsun, üç tane araba daha olsun, beş tane daha şu olsun deyip, ne yapalım dünya hali, bu dünyalık durumumuz, dünyalık tarafımızla bunları diyoruz canım. Aslında bir de mümin tarafımız var, onunla da işte gereğini yapıyoruz diyebiliyor insanlar.

CS: O tabii yanlış bir şey. Çünkü aslında sizin dediğiniz gibi, bir maddî taptıklarımız, bir de mânevî taptıklarımız var. Ben birçok kişiden duyuyorum, ben namazımı hiç bırakmam, hep vaktinde kılarım. Halbuki namaz aşka yolculuktur. Allah bana lûtfediyor da çok şükür namazımı kılıyorum diyebilmek önemlidir; ben kılarım, demek değil. Hani adamın bir tanesi namaz kılıyormuş, iki kişi de gelmiş onu çok methetmiş, bak demiş, ne güzel kılıyor. Adam namazını bitirmiş, hem de oruçluyum biliyor musunuz, demiş. İşte kendi ibâdetiyle övünmek için ibâdet etmez insan. İbâdetiyle aşka yolculuk yapmak için ibâdet eder.

NS: Bestâmî'nin hikâyesinde olduğu gibi, yani haccını bile iki paraya satıyor ki, onunla övünmesin diye.

CS: Evet, yani ibâdetiyle övünmemeyi, ibâdetin Allah'ın bize bir lûtfu olduğunu idrak etmek, işte mesele bundan ibâret. Öyleyse ne maddî ne mânevî, hiçbir halimiz tapılacak halimiz değildir. Âyet-i kerîmede *"Ben seni namaz kılar, oruç tutarsın diye bırakmam, çeşitli şeylerle imtihan ederim ve sana kendi kendini imzalatırım."* diyor Allah. Öyleyse hâdiselere dayanabiliyor muyum, itirazı terk ettim mi, her insanın cefâsını cefâ görmeden dayanabiliyor muyum, işte ibâdetin sonucu bu olmalı. Her yerde Allah'ı görme seviyesine ulaşmak ve hikmet sahibi olmak.

NS: Ve insan olmanın şerefi de o galiba, yani kendimizi dünyanın tek hâkimi zannedip, bu dünyayı ve bütün dağları biz yarattık diye düşünürsek, zâten Allah'la şereflenmemiz, kalbimizi nurla doldurmamız da mümkün olmuyor.

CS: Ne güzel söylediniz. İşte gerçek hikmet her yerde Allah'ın elinin ve mânâsının bize uzatıldığını hissetmektir. Hani bir adam Allah'ı rüyasında görmüş, şeklen değil tabii ki, demiş ki, ey büyük Allah'ım her yerde benimleydin, çölde beraberdik, çünkü iki ayak izi vardı, ama sonra en kötü yerde beni yalnız bıraktın. Niye? demiş. Bunun üzerine Allah'ın cevabı muazzam, demiş ki, oğlum o ayak izi bana aitti. Ben seni sırtımda taşımasam, sen oradan nasıl geçecektin? Öyleyse her yerde Allah bizi taşıyor. Bizde bir güç ve kuvvet yok, O'nun kudretiyle hareket ediyoruz. Hikmet bunu idrak etmektir. Çok şükür! Her an bana eriştin, sayende seni seviyorum, diyebilmektir.

NS: Yani bilginliği ârifliğe çevirebilmek demek galiba.

CS: Evet, Allah nasip etsin inşallah!

NS: Evet efendim. Ne diyelim? "İç dünyanı sabırla kur ve onu dinle ki, seni nurla dolduracak, kalbini sevinçle dolduracak yere götürsün."

BİRLEMEK - NAMAZ

NS: Mesnevî Okumaları'ndan merhabalar efendim. *Mesnevî* bize bugün yine bir köprüyle yön verecek. Bugünkü konumuz 'namaz'. Evet, bazılarımız devamlı kılmaz, Ramazan'da mutlaka oruçla beraber namazını da edâ eder. Ama namaz nedir acaba? Biz *Mesnevî*'den okuyalım. Birleme dediğimiz şeye nasıl yardım eder?

"Birisi ârif ve bilginden: 'Bir müslüman, namazda sesle ağlar, âh eder, feryat ederse namazı bozulur mu?' diye sordu. O ârif bilgin de dedi ki: 'Akan yaşın adı gözyaşıdır, ancak o ağlayan ne görmüştür, ne için ağlıyor? Onu bilmek gerek.' Eğer o Allah aşkıyla ağlıyorsa yahut günahlarına pişman olmuş da gözyaşı döküyorsa, namazı bozulmaz. Hatta o namaz daha da uzunlaşır, makbul bir namaz olur. Çünkü namaz; 'Gönül huzuru olmadıkça namaz

değildir', diye buyrulmuştur. Namaz kılan kişi bedenindeki hastalıktan, yahut oğlunun ayrılığından ötürü ağlıyorsa, namazı bozulur. Çünkü namazın temeli bedeni, oğlu terk etmek, İbrâhim *(a.s.)* gibi Hak uğruna oğlunu kurban edip, Nemrut'un ateşine atılmaktır. Namazın kemâli için bu lâzımdır. Bu huyları benimsemesi için Mustafa *(s.a.s.)*'a da "İbrâhim'in şerîatına uy, İbrâhim'de sizin için uyulacak güzel huylar, sıfatlar vardır." diye emir gelmiştir. [25]

Evet, Cemâlnur Sargut hanımefendi, acaba namazın nimeti nedir bizim için?

CS: Namazın hakîkati mîraçtır efendim. Yani namaz Allah'ı görebilmek, Allah'ın hakîkatini gönül gözüyle hissedebilmek için en büyük fırsattır. Onun için namaz Ramazan'a ait bir ibâdet olmayıp, hayatımızın her anında aşka giden yoldur, diye düşünüyorum ben. O halde namaz kılmayı bir mecburiyet halinden çıkarıp bir zevk haline getirmek lâzım. Önce bir kere namaz abdest demektir. Abdest sadece temizlik demek değildir. Abdest dirilmek demektir. Çünkü su, âyet-i kerîmede diriltici olarak anlatılmıştır. Her bir organımızın Allah'tan haberdar olması demektir. En sonunda dünyada dört tekbiri birlemek, yani dünyadan

---

25 Şefik Can, *Mesnevî Tercümesi*, Ötüken Neşriyat, İstanbul:2003, C. 5-6, s. 109 başlık

geçmek, nefisten geçmek, âhiretten geçmek, hatta her şeyden geçmek, bu dört tekbiri birlersek, namaza başlama hakkını elde ederiz. Namaz, Allah'ın karşısında durduğumuz zaman iki elimizi attığımızda âhireti ve dünyayı terk ederek karşısında durduğumuz Zât-ı İlâhî'nin zevkine dalmak ve o anda nefsimizi onun huzurunda hemen kesmek üzere yatırmak demektir. Onun için "Allahu Ekber" sesleriyle başlar ve Allah'ı yalnız İslâm'da nasip olan bir lûtufla tenzih ederiz. Yani namazın başlama şeklinde Allah'ın ilâhlığını hatırlarız. O'nu hiçbir zaman göremeyeceğimizi, sadece isim ve sıfatlarını bilebileceğimizi, ama Zât'ını bilmenin mümkün olmadığını idrak eder ve bu sonsuz bilinmezliğinin adı olan subhan ile, subhaneke ile O'nu tenzih ederiz. O'nu yüceltir ve yükseltiriz. Daha sonra O'nu teşbih ederiz, deriz ki, evet, seni hiç bilemem, ama sen her yerdesin. İşte bunun adına aşk denir. Fâtiha okunmaya başlandığı anda Sevgili'nizle siz yapayalnızsınız. *"Elhamdülillahi Rabbul'Alemin"* dersiniz. Yani ey âlemlerin rabbi! Ey Rab tecellisiyle bana her an erişen, öğreten, beni sevdiğini gösteren sen "*Rahman ve Rahim*"sin. Sen Rahman'sın, çünkü beni her nefes yeniden diriltiyorsun. Sen Rahim'sin, çünkü dirilttiğini korumaya almışsın.

NS: Yani bütün rûhumuzla o secdede olmamız gerekiyor galiba.

CS: Kesinlikle, ondan sonra yalnız kıyâmet gününe îman ettiğimizi belirtiriz. Ne kadar yanlış anlaşılan bir kıyâmet günü kavramı var. Kıyâmetin hakîkati âyet-i kerîme ile belirtilmiştir. Allah her an bize 'Bugün mülk kimin' diye sorar? Ben de, "senin" derken, ama evlâdımı seviyorum, ama evimi seviyorum, ama kıyafetimi seviyorum dersem, o zaman mülkü Allah'tan kendime atfederim. Halbuki namazda beş vakit, mülk yalnız senin diye bağırmaktayım. Öyleyse ne kadar yalancı olduğumu idrak ederek utanırım. Namazın bu faslı budur. Sonra dönerim, derim ki, "*Yalnız sana ibâdet ederim.*" Bu namazın şerîat kısmıdır, yani ben varım, bir de sen varsın. Sonra utanırım. Senden yardım gelmezse, ibâdet dahi edemem, derim. Bu namazın tarîkat, tarîk, yol üzerinde olan kısmıdır ve hakîkat kısmına gelinir. Beni sırâtında, seninle en kısa yolda ne olur sabit tut, derim. Sakın beni Mûsevîliğe, Îsevîliğe, yani hâşâ, yalnız ilimle seni bilmeye, yalnız aşkla seni bilmeye yönlendirme, benim Peygamberim ikisini birleştirerek seni bildi. Sonra bunların hiçbirini yapmadığımı anlayarak eğilirim, rükû ederim. Peygamber'in son derece uzun rükûda kaldığını hatırlarım. Rükû boyunca Allah'ı tenzih eder ve duâ ederim. Sonra yere kapanırım. Günahlarımın ağırlığı karşısında secde ederim. Başımı, alnımı yere koyarım ve beni alnımdan yakala Allah'ım diye niyaz ederim. Allah'ı tenzih ederken O'nun beni yakalamasını beklerim. İslâm'ın namazı secde kısmıdır. Secde yok olmak, senin önünde yok olmanın zevkini tatmak demektir. Kalkar, oturur ve Peygamber'e şükrederim. *Ettehiyyatü*'yü okurum, sen olmasaydın ben bunları nereden bilecektim, derim. Sonra sağıma dönerim, bütün dünyada taptıklarıma yalvarırım, bana yardım edin diye, yardım gelmez. Soluma dönerim, evliyâ ve enbiyâya yalvarırım, onlar derler ki, dünyada sana çok yardım ettik, ama vakit geçti. İşte o zaman anlarım ki, ben yalnızım, Allah'ın huzurunda tekim ve kendi bütün hatâlarımla, yanlışlarımla O'nun önünde diz çöküp eğilmekten başka hiçbir varlığım yok. O zaman tekrar secde ederim, bakın namazın hakîkati budur. Dünyada namazdan daha güzel bir ibâdet ben düşünemiyorum âcizane.

NS: Ve bugünün terimleriyle anlatırsak biz birey olarak sorumluyuz. Hiçbir şeyden, hiçbir yerden aslında yardım almadan günahlarımızla ve Rab'bimizle başbaşayız ve sevaplarımızla, birey olarak tek başımıza bunlardan sorumlu olduğumuzu idrak etmek için bu namazı edâ ediyoruz.

CS: Ne güzel söylediniz. Bütün namazın hakîkati bu. Hakîkaten yalnızız ve sorumluluğumuz yalnızca Sevgili'yle bizim aramızda, ama Hazreti Mevlânâ diyor ki; 'Benim bulunduğum yerde günahtan başka bir şey yok, senin bulunduğun yerde ise aftan başka bir şey yok Allah'ım.' Sen o kadar af edicisin ki…

NS: Tabii bizim görevimiz hep af dilemek. Çünkü O, Rahman ve Rahim olan.

CS: Ne güzel söylediniz. Başta da buyurduğunuz gibi namazı bu şekilde kılan insan her yerde sevdiğini görmeye başlar, tevhid eyler, farklılıkları kaldırır. Yurt dışında da hep anlatmaya çalışıyorum, biz Türkler güzeli elimizle böyle gösteririz, yani beş farklı parmağı birlemek, birleştirmek, hoş görmek demektir. İşte namazın sonucunda insan her yerde Sevgili'sini seyrederek, her şeyi O'ndan dolayı hoş görmenin zevkini yaşar.

NS: Birleme dediğimiz, her şeyde Allah'ı görmenin zevki yani başımıza gelen kötü şeylerin O'nun bizi imtihanı olduğunu, iyiliklerin de O'nun bize mükâfatı olduğunu, ama sonuçta her şeyin dönüp dolaşıp Bir'e vardığını, yani Rab'be vardığını idrak etmek.

CS: Çok güzel buyurdunuz. Bir'den gelip Bir'e gideceğiz. Çünkü var olan yalnız O, bizler sadece aynadaki hayaller gibiyiz, ama ne kadar enteresandır, hocam anlatmışlar. Bir gün bir dostumuz, bir vatandaşımız ilk defa sinemaya gitmiş, kötü adamın iyi kızla, iyi erkeğin arasını açtığını görünce silahını çıkarmış, başlamış perdeyi ateş etmeye. Herkes gülerek ayağa kalkmış. Hocam demişler ki, niye gülüyorsunuz, bütün gün bunu yapıyoruz. Var olmayan varlıklara ateş ediyoruz. O varlıklar yüzünden günlerce ağlıyoruz, üzülüyoruz. Aslında var olan yalnız Allah. O'nu idrak ettiğimiz zaman bütün ibâdetler dünyanın, bizi O'na götüren en güzel vasıflarıdır.

NS: Doğru. O yüzden bir varmış, bir yokmuş diye başlıyor masallar binlerce yıldır. Çünkü gerçekten bir varız, bir yokuz. Bu sılada bir var bir yok olduğumuzu, bir rüya âleminde olduğumuzu idrak etmemiz için varız.

CS: Ne güzel buyurdunuz. Biz birer tecellîden ibâretiz. Hatta Mevlânâ Hazretleri bu tecellîyi de iki duvardaki resimle anlatır. Bir duvara Allah'ın güzelliğini bütünüyle aksettiren bir resim yapılmış, öbür duvar ise boyuna yontulmuş. Her kim nefsini yontarsa Allah'ın isimleri o duvardan tecellî eder, ortaya şaheser çıkar.

NS: Evet, çok güzeldir o hikâye. Çinliler bütün sanatını gösteriyor ve bizim sûfîler orayı parlatıp ayna haline getirince zâten aksediyor. Güzellik de aksediyor, çirkinlik de aksediyor diye çok güzel bir öyküyle bize anlatır.

CS: Evet, aslında Peygamber'de tecellî eden de O'nun isim ve sıfatları ve bizim gölgeliğimiz, değil mi efendim? Bizler gölgeden ibâretiz, ama gölge için bile ışık lâzım.

O'nun nûru vurmazsa gölge bile olamayız. Bunu idrak ettiğimiz zaman dünya bir zevkten ibârettir.

NS: Onun için zâten *Mesnevî*, güneş balçıkla sıvanmaz, diyor. Hazreti Muhammed de Ebû Cehil de putlara tapılan yere gitmişti, fakat birinin gidişiyle öbürünün gidişi arasında ne büyük fark var. Biri puta tapılan yere girince putlar ona secde eder, öbürü girince o putların önünde başını yere serer.

CS: Ne kadar güzel, Ebû Cehil aynı mânâyı gördü ve 'Ben' dedi. Hazreti Peygamber ise aynı mânâyla 'Sen, Allah'ım' dedi. Peygamber'le şeytanın arasındaki en büyük fark da budur. Peygamber benim sevdiğimi herkes sevsin, der; şeytan benim sevdiğim bana kalsın, der.

NS: Yani, sadece benim olsun, kimsenin olmasın, kimse görmesin. Deniz kenarında bir çocuk başka bir çocuğun oyuncağını istedi. Annesi gelip, o da oynayabilir mi, diye sordu. Anne çocuğa sordu, çocuk, hayır vermem, dedi. Anne öbür anneye, hayır vermezmiş, dedi ve vermedi. Yani küçücük bir çocuğa paylaşmayı öğreteceğine annelik makamını bilmediği için onun sözüne uyuyor ve çocuk bencilliği, egoistliği daha çocukluğunda öğrenmeye başlıyor.

CS: Evet, yarın öbür gün hayat elinden her şeyi alınca insan psikolojik problemler içerisinde doktorlara başvurup duruyor, değil mi efendim? O halde vermeyi öğreten annelere ne mutlu. Allah onlardan râzı olsun

NS: Evet, üstelik bizim dînimizin temeli, vermek üzerine kurulu. Vereceksin, vereceksin ve karşılıksız vereceksin, diyor. Bunu öğretiyorlardı bize eskiden. Çok şükür, şimdi de öğrenmemiz lâzım.

CS: Ne kadar güzel söylediniz. İnşallah! Ama bunu öğrenebilmek için de Allah'a âşık olmak lâzım.

NS: Evet, bunun üzerine söz söylenmez. O zaman söylemeyelim ve diyelim ki, sözümüzü bağlarken "namaz iç dünyanın güzelliğine yardım eder, namaza devam edelim."

AKIL VE GÖNÜL

NS: Mesnevî Okumaları'ndan merhabalar efendim. *Mesnevî*'de yine bir hikâyeyle karşınızdayız. *Mesnevî* sürekli bize kalbin nerede, kalbin nerede? diye sorar.

Her göğüste bir kalp vardır. Kan dolaşımına hizmet eder. Onu pompalar. İnsanın mânevî kalbi, yani gönlü, bir yumruk büyüklüğündeki et parçacığı değildir. Bu kalp hayvanlarda da var. Belki kalp denilen gönül mânevîdir, maddî değildir. Allah'ın tecellî yeri olan gönül, O'nun mâneviyatıdır. Yere göğe sığmayan Allah orada bulunur. Hazreti Bestâmî; "Arş ile onun ihtiva ettiği şeyler, bir ârifin gönlü köşesinden birine konsa, ârif onları hissetmez" demiştir. Bu söz ile, ârifin insanın gönlünün ne kadar geniş olduğunu anlatmıştır. [26]

26 Şefik Can, *Mesnevî Tercümesi*, Ötüken Neşriyat, İstanbul:2003, C. 3-4, s. 194 dipnot

Cenâb-ı Hak; "Biz dâima gönüle bakarız." diye buyurdu.

Ey gönül, sen bir cüzsün, ne vakit küllîninn tarafına yönelir gidersen, yani kâmil insana sığınırsan o zaman sen Allah'ın sevdiklerinden olursun.

Cenâb-ı Hak; 'Biz dâima gönle bakarız, su ve çamurdan ibâret olan sûrete değil, şekle değil.' diye buyurdu.

Sen; 'Bende de gönül var' diyorsun, diyorsun ama gönül arşın üzerinde olur. Halbuki sen aşağılardasın, aşağılıklarda bulunmadasın.

Kara balçıkta da su bulunduğunu herkes bilir. Fakat o su ile abdest alınmaz ki!

Balçığın içinde su vardır, vardır ama balçığa yenilmiş, balçıkta kaybolmuştur. Sen de gönlüne; 'Bu da gönüldür', diyemezsin. Çünkü senin gönlün de kirli emellere, şehvete, hiddete, mevkî hırsına, dünya isteklerine mağlup olmuş, onlar arasında kaybolup gitmiştir. Göklerden de üstün olan gönül, 'abdal'ın, yahut peygamberlerin gönülleridir.

Onların gönülleri çamurdan, yani kirli isteklerden, günahlardan arınmış, temizlenmiş, saf bir hal almıştır. Mânevî neşeleri arttıkça artmış, coşmuştur. Her iyi işe yarar olmuştur.

Çünkü onlar balçığı bırakmış, tertemiz bir hal almışlar, gelmişler, hiddet denizine kavuşmuşlar böylece balçık zindanından kurtulmuşlar, Hak'kın denizine kavuşmuşlardır. Dikkatle bak da gör ki: Şu bizim can suyumuz, balçıktan yaratılan şu beden içinde mahpus kalmıştır. Ey rahmet denizi bize acı ve bizi şu çamurdan kurtar. [27]

Evet, Cemâlnur hanımefendi.

CS: Ne kadar güzel! Yani bizdeki kırıntı halindeki gönlün kâmil insanda derya şeklinde olduğunu ve yere göğe sığmayan Allahu Azîmuşşân'ın, Kâbe'nin gönlüne sığdım, müminin gönlünden tecellî ettim, dediğini hatırlarsak, o zaman kendi eksikliğimizi hissedip, bir deryaya kavuşmak üzere kâmil insanın terbiyesi altına girmenin öneminden bahsetmekte Hazreti Mevlânâ. Yani kendi aklını, mahlûk olan aklını bir kenara at, gönül kırıntını onun gönlü içinde yok et. Bunun en güzel hikâyesi galiba Ârâbî hikâyesidir. Hatırlarsanız Mevlânâ Hazretleri, Ârâbî hikâyesinde karı kocanın birbiriyle olan çekişmesini anlatır. Bu-

27 Şefik Can, *Mesnevî Tercümesi*, Ötüken Neşriyat, İstanbul:2003, C. 3-4, s. 194 beyit 2243-2251

rada kadın nefsi, erkek aklı temsil etmektedir. İkisi de tek başına hiçbir işe yaramamaktadır. Ama ne zaman birleşirler, hemen bir öğretmene gitmeye, bir hakîki gönül sahibine gitmeye karar verirler. Vücut içinde birlik oldu mu insan terbiyeye gider, talep eder, öğrenmek ihtiyacı içinde yanar. İşte o zaman bir öğretmene doğru yol alırlar, ama öğretmene eli boş gidilmez. İllâ bir hediye götürmek lâzım. Tabii bizim götürebileceğimiz hediye, kendi gönül kırıntımızdır. Ârâbî de o çölün ortasında bir lokma kirli suyu hakîki su zannederek, yani kendi gönlünün kirliliğini hakîki gönül zannederek onu Bağdat'ta yaşayan bir mürşide götürmeye karar verir. Bağdat'a gider, her öğretmenin yaptığı gibi, öğretmen bu kirli, âciz bedeni alır, o gönlü öper başına koyar, hediyeyi büyük bir zevkle kabul eder. Ama dönüşte Ârâbî'yi yollarken Dicle ve Fırat nehirleri üzerinden yollar. Der ki, senin getirdiğin gönül kırıntısına bak, benim sahip olduğum deryalara bak. O zaman Ârâbî kendi eksikliğini hisseder ve o deryadan nasiplenmek üzere hakîki gönül sahibinin eteğine oturur. İşte *Mesnevî*'de çok güzel anlatılan kendi aklınla gitmek denizde boğulmak gibidir, ama Nûh'un gemisine bindiğin zaman kurtulursun, diye anlatılan Nûh'un gemisi, insân-ı kâmilin mânâsı gemisine binmek demektir.

N.S: Biliyorsunuz, kısa bir süre oldu, alt tarafı iki yüzyıl belki ama bugün akıl çağında, insanlar akla tapıyorlar ve diyorlar ki; batının bize öğrettiği akıldan başka hiçbir şeyin önemi yok, akıl tek başına varlığıyla yeterlidir. Zâten herkesin aklını pazara çıkarmışlar, herkes kendi aklını almıştır, diye de mesel uydurmuşlar buna. O zaman, akıl varken bu gönül de nedir? Yani bunlar çok eski işler diyenler de var.

CS: Çok doğru. Ama burada tabii kastedilen akıl, cüzî akıldır. Küllî akıl her şey demektir, Allah'ın ilâhî aklı demektir. Ama biz, bu dünyaya eren aklımızı, yarın ne dalavere çevireceğiz, matematiği, fiziği nasıl öğreneceğiz; ama ona Allah'la ilişki kurdurmayacağız diyen bu basit aklımızı, adam gibi bir şey zannediyoruz. Hatta çok beğeniyoruz. Bunun da hikâyesini İbn-i Arabî Hazretleri şöyle anlatmış: Zavallı akıl da ne yapsın, demiş. Çünkü akla gelen bütün bilgiler duyular vasıtasıyla gelir. Gel gör ki, göz belli mesafeden ötesini göremez, kulak belli frekanstan fazlasını duyamaz ya da azını. His, belli sıcaklığın ötesini idrak dahi etmez, öyleyse bütün duyuların getirdiği bilgiler yanlış. Bir de hafıza denen ailemizin öğrettiklerine de takılıp kalan fikirler akla gelirler ve bir bilmece gibi hadi bizi çöz derler. Akıl o zaman der ki, Allah'ım ben âcizim, bu gelen bilgilerle nasıl neticeye varabileyim? Sen bana hakîki ve gören bir varlık vücut içinde lûtfet; benim gibi mahlûk olmayan, Allah'ın mânâsını taşıyan. İşte o zaman akıl gönle başvurur. Zîra gönül, kalp gibi bir mahlûktur ama üzerine Allah'ın nûru vurduğu için mahlûkluktan Allah'ın mânâsına tekâmül etmiştir. O zaman gönül der ki, şöyle karar vermelisin. Demek ki, bir vücutta gönül hâkim oldu mu, o hakîki işleyen bir akl-ı kül haline döner.

NS: Yani akılsız değildir o gönül, zâten aklı var.

CS: Kesinlikle, gönlün aklı her şeyin aklından üstündür. Zâten şair de ne diyor? "*Akıl akıl olsaydı adına gönül derlerdi*". Ne kadar güzel! Öyleyse gönlün aklı hiçbir şeyle ölçülmeyecek kadar yücedir, çünkü gönüle gelen bilgiler Allah'ın mânâsından gelir. Sonradan bizim hislerimizden olma yarım yamalak bilgiler değildir. Gönül gözü açıldı mı, her şeyin hakîkatini görür. Hani Peygamber'imin, canım sultanımın aslında bizim ağzımızdan söylediği, '*Bana eşyanın hakîkatini göster Allah'ım*' dediği budur. Yani gönül gözü açık insan benim bu çirkin kara kuru halimi görmez de...

NS: Estağfurullah!

CS: Belki gönlümün içinde kalmış bir lokma Allah'a ait bir aşk varsa onu görür, beni öyle sever. Demek ki, gönül gözü açık insan şekle bakmaz.

NS: Ama bunun için de dedik ya, nûru yüzüne vurmuş. Yüzünün, yani gönlünün nûru yüzüne vurmuş, o güzeldir, sizin güzelliğiz o nurla birlikte güzel oluyor.

CS: İnşallah! Dediğiniz gibidir. Fakat burada da görülen, yani gönül ehli gönle nazar eder. Şekil ehli sûrete nazar eder. Akıl sûret üzere nazar eder. Çünkü akıl öyle bir bilgisayardır ki, zıtlık üzerine işler, yani çirkini göstermezseniz güzeli anlamaz. Fakiri göstermezseniz zengini idrak edemez. Allah ise sonsuz bir birliktir. Zıtlıkla işleyen bir mekanizmanın birliği idrak etmesi ne kadar zor.

NS: Aslında bilgisayar biliyorsunuz boş bir makinedir. İçinde hiçbir şey yoktur. Kendi kendine işlem yapamaz ve fikir yürütemez. Hele o zamanlar yani seksen üçlerde, henüz bilgisayarlarda sabit diskler bulunmadığından, girilen tüm bilgiler devasa manyetik bantlara kaydediliyordu. Orada oturan önemli bir zat, şimdi bu her sorduğum soruya cevap verecek mi bu? diye sormuştu. Ben de dedim ki, bir hayli boş bir makine, biz içine yerleştireceğiz, sonra bize söyleyecek.

CS: Ne kadar güzel! Biz de bir boş makineden ibâretiz, boş kısmımıza bakılırsa o kadar, ama içimize yerleşen bilgiye bakalım inşallah! Buyurduğunuz gibi.

NS: Kâinatın tamamını görme, hepsi. Aslında facebook ve onun gibi çeşitli sosyal sitelerdeki yazışmalarda gerçekten insanın gördüğü çok iyi örnekler oluşuyor. Çünkü herhangi bir kısa tartışma yapılırken, ben öyle düşünmüyorum dese olur, ama benim dediğim tek doğru ve sizin dediğiniz doğru değil diyor. Bir keresinde, bu şöyle de söylenebilir, diye yazınca söylemesi ayıptır ama benim iki tane yüksek lisansım var, diye cevap gelmişti. Şimdi böyle genç ve üç, dört tane diploması olan ve de biz zâten tasavvufu biliyoruz, onu yalayıp yuttuk, diyen arkadaşların bu işleri sadece akıl, aklı da sadece bir bilgi depolama hali olarak algılaması tasavvufun ve İslâm'ın yüzünün var olan gönlünü kavrayamaması demek değil mi?

CS: Ne kadar güzel buyurdunuz! Allah öyle bir örnek vermiş ki, mîraçta Peygamber'e yoldaşlık eden dirilik ve küllî akıl olan Cebrâil bile Sidre-i Müntehâ'da yanarım, geçemem diyor. Demek ki, aklın her türlüsü Allah'la kavuşma derecesine ulaşmakta çok câhil. Akıl 'ben' der; gönül 'sen' der. İşte 'ben' demekten kurtulmanın yolu cüzî aklı terk ederek, gönüle yapışmaktır. Ama gönüle yapışıldığı zaman, demin de sizin buyurduğunuz gibi hakîki aklı, Allah'ın aklı dediği, akl-ı kül dediği idraki kazanabilmektir. O akl-ı küllîdir, hepimizden daha akıllıdır.

NS: Peygamber Efendimiz zâten aşkla Allah'a varabilmiş.

CS: Evet, mîraç bu.

NS: Evet, mîraca varmıştır. Çünkü aklın yanarım deyip durduğu yerde, orada aşk devreye giriyor, gönül aşkla ve nurla dolu olarak, o aşkla oraya çıkabiliyor.

CS: Ne kadar güzel söylediniz. Muhammed İkbal Hazretleri akılla aşkı konuşturur ve akıl 'ben' der, aşk 'sen' der. Aşk tekrar var etmek için yok eder, akıl yok etmek için var eder, diyor. Ne kadar güzel! Demek ki akıl hile yapar, aşk pazusuyla elde eder, diyor. Aşkı ve gönlü tercih etmek her zaman insanı en huzur verici cennete ulaştırır.

NS: Evet. Çok teşekkür ediyoruz. Ağzınıza sağlık efendim. Evet, akıl mı, gönül mü, diye sorduk. Akıl mı gönül mü derken dünyayı bir bütün olarak anlamamız ve de burada gönlümüz olmadan aklımızın işe yaramayacağını da söylemek lâzım.

FEDAKÂRLIK

NS: Mesnevî Okumaları'ndan hepinize merhabalar efendim. Yeniden sizlerle birlikteyiz. Evet, bugün öykümüz;

"Dünyada çok iyi kalpli, örnek insanlar da vardır."

Dünyada mazlumların, yani zulüm görenlerin, ezilenlerin feryatlarını duyunca, onlara yardım için koşan aslan kişiler vardır.

Onlar nerede olurlarsa olsunlar, mazlumların feryatlarını duyarlar; Hak'kın rahmeti gibi feryat gelen yana koşarlar.

Dünyanın bozukluğuna, sarsıntısına, yıkıntılarına destek olan, direk olan, gizli dertlerine, hastalıklarına hekim olan en üstün kişiler...

Sevginin, adâletin, merhametin ta kendisidirler. Onlar Hak gibidir. Onlardan sebep sorulmaz, yaptıkları işler için rüşvet almazlar.

Onlardan birine, 'Can ve gönülden yaptığın bu iyiliği, bu yardımı niçin, neden yapıyorsun?' diye sorulsa; 'O mazlumun başına gelen çaresizliği, içine düştüğü gamı, kederi için yapıyorum', der.

İnsanlık iyilik hususunda aslan kesilmiş erin avı; sevgidir, merhamettir. İlaç, dünyada iyileştirmek için hastadan başka kimseyi aramaz.

Nerede bir dert varsa, deva oraya gider. Nerede alçak ve çukur yer varsa, su oraya akar.

Sana rahmet ve merhamet suyu gerekse, yürü, alçal, alçak gönüllü ol. Ondan sonra merhamet şarabını iç, mest ol, kendinden geç.

Ey oğul! Allah'ın başımıza kadar yükselen rahmeti içinde rahmet var, rahmet var. Sen aklını başına al da onun rahmetini yeter bulma. O rahmetlerin hepsini niyaz et.

Ey yiğit! Yüksel!... Gökyüzünü bile ayağının altına al da, göklerin üstünden gelen ilâhî nağmeleri duy.

Hasislik zincirini elinden, boynundan at da, şu felekte yeni bir baht elde et.

Dadı da, ana da çocuk ne vakit ağlayacak ki süt verelim diye bekleşir dururlar.

Allah da sizin ihtiyaç çocuklarınızı, ağlasın da süt meydan gelsin diye yarattı.

Allah; *'Bana duâ edin, beni çağırın'*, diye buyurdu. Ağlayıp inlemeyi bırakma da, O'nun sevgi ve merhamet sütleri coşsun.[28]

CS: Ne kadar güzel! Şu âlemde hakîkaten Hazreti Mevlânâ misali insanlar vardır. Çünkü Hazreti Mevlânâ'ya soruyorlar: Şems'ten ne öğrendin? Mevlânâ diyor ki, Şems gelene kadar birçok şey biliyordum, ama o geldikten sonra; 'dünyada bir kişi aç olsa ben de doyamadım, dünyada bir kişi üşüyor olsa ben de üşüdüm'. Yani Şems bana bu âlemde herkesin derdini ve acısını paylaşmayı öğretti. Şems bana Peygamber'in hakîkatini öğretti, diyor. Demek kı, insanları insan kılan dünyada yaşayan herkesle bir ve beraber olabilme zevkidir ve onlara karşılıksız hizmet edebilme zevkini yaşamaktır. Tıpkı bir hikâyedir, maddî durumumuzun çok iyi olmadığı dönemlerde çok sevgili bir Nazlı annemiz vardı evliyâullahtan. Kendisi kim evlenecek olsa ona yardım eder, hangi

28 Şefik Can, *Mesnevî Tercümesi*, Ötüken Neşriyat, İstanbul:2003, C. 1-2, s. 412-413 beyit 1933-1942, 1947, 1952-1954

fakir olsa ona koşardı. Bir gün yine bir fakir kız evlendiriyor, teyzemin maddî durumu iyi olduğu için, ondan yardım istemiş. Annem de bunu duymuş, bizim nafakamızdan keserek o fakir kıza bir miktar para biriktirmiş. Nazlı anneciğim teyzemden gelen paraya çok sevinmiş, ona demiş ki, Süheyla'cığım, Allah bu âlemde senin yaptıklarının karşılığını versin. Dönmüş, anneme de demiş ki, Meşkûre'ciğim Allah bu âlemde sana karşılıksız hizmet etmenin zevkini versin inşallah! Dünyada en büyük zevk, insanı Peygamber'e en yakın kılan, insanı kemâl noktasına eriştiren yaptığını Allah için yapmaktır.

NS: Karşılıksız yapmak yani.

CS: Hiçbir menfaat gözetmeksizin. Rabia Adevviye Hazretleri'nin buyurduğu gibi, ben cehennem korkusuyla ya da cennet isteğiyle ibâdet etmem. İkisini de yakar geçerim, ben yalnız senin için, senin cemâlin ve aşkın için ibâdet ederim, der. Duâya gelince, duâ Allah'la birleşmenin ve konuşmanın en güzel yoludur. *Fîhi Mâ Fîh*'te sizin bu söylediklerinizi teyit eden çok hoş bir hikâye var. Mâlûm-i âlîniz *Fîhi Mâ Fîh*, Mevlânâ'nın için içi adlı sohbet kitabıdır. Burada Hazreti Zekeriya yeğeni olan Hazreti Meryem'in yanına gelir. Doksan yaşındaki yaşlı eniştesi, Meryem'e devamlı yiyecek taşımaktadır. Meryem ise gencecik, on bir, on iki yaşında bir kız. Eniştesi onun bakımıyla görevli. Fakat gelen yemekleri Meryem hep dağıtıyor. Bir gün odasına girdiğinde Hz. Zekeriya, o mevsimde katiyen olmayacak meyvelerin, sebzelerin, yiyeceklerin Meryem'in önünde olduğunu görerek çok şaşırır, der ki, Meryem bunları nereden buldun? Hazreti Meryem der ki, enişteciğim sen bana öğretmedin mi, Allah en olmazı oldurandır. Ben de niyaz ediyorum, geliyor. Onun üzerine Hazreti Zekeriya çok ağlar, çünkü kısırdır, eşi de kısırdır ve bir çocuk isteğiyle yanıp tutuşmuştur ama Allah'tan hiç niyaz etmemiştir. Onun olmazı oldurduğunu unutmuştur. Gider sabaha kadar ormanda yalvarır: "Bana bir evlat ve Allah'ım!" Peygamber'in evlat istemesi nefsanî değildir, soyunun devamı, peygamberliğin devamı içindir. Sabaha karşı, onun bu Allah'a güveni ve sevgisi, Allah'ın hoşuna gider ve der ki, "Ya Zekeriya! Ben iki ölüden bir diri çıkaracağım. Bu gece sana öyle bir evlat vereceğim ki, onun ismi bugüne kadar hiç konulmamış bir isim, 'ey diri' anlamına gelen Yahya, Ya Hayy olacak." İşte görüyoruz ki, Allah en olmazı oldurandır. Mevlânâ diyor ki, dile, ama sakın kısıtlama, bir ver deme, belki binlerce verecek. Sen niye onu şeklin içine sokuyorsun?

NS: Derler ya bana bir tek şunu versen yeter, şu kadar olsun, bundan sonra bir daha da bir şey istemeyeceğim. Yeter ki, şu olsun, başka da bir daha istemem. Halbuki Allah'ın sonsuzluğunu, rahmetini ve bize duâ edin, isteyin dediğini unutuyoruz. Dileğimizin yerine gelmesi için gönlümüzden geçeni söylemek gerekiyor.

CS: Ne güzel! Aslında Allah'la konuşmanın zevkine varmak için duâ etmek lâzım. Dediğiniz gibi bir Pîr-i fânî; adamın bir tanesine, 'Dile! şu anda ne istersen olacak', demiş, o da onbin dinar dilemiş. Pîr-i fânî demiş ki, yazık, şu zevki onbin dinara mı satıyorsun? Yani o an eğer Allah'ın rahmet denizi taşmışsa, biz O'nun sevgisini, aşkını, muhabbetini, gafletten uzak olmayı dilemeliyiz. Eğer bir şey dileyeceksek önce hakkımızda hayırlıysa ver çünkü en hayırlı olanı sen nasip edersin, diye yalvarmalıyız. Bir şey daha var ki, çok önemli. Ben diledim de oldu demek kadar kendini beğenmişlik olamaz. Bilelim ki, isteği içimize veren Allah'tır. Allah önce isteği verir, sonra yalvartır. Biraz da çok yalvartır. Çünkü Mevlânâ diyor ki, padişah güzel sesli dilenciyi oldukça yalvartır. Kötü seslinin de istediğini hemen verir, gitsin diye.

NS: Anneannem, rahmetli derdi ki, dünya iyi insanların yüzü suyu hürmetine döner. Yani hep şikâyet ederiz. Her dönem aslında aynı şikâyetler vardır; rüşvet şöyle çok, insanlar böyle kötü gibi. Aslında her şeyin kötü olduğunu söyleyen, şikâyetin bol olduğu bir dili var insanoğlunun. Ama iyi insanların yüzü suyu hürmetine dönen dünyada da biz o gönlün nasıl yapıldığını anlamaya çalışmalıyız belki de.

CS: Ne kadar güzel buyurdunuz. Bizim türkülerimiz vardır, çok mânâ ifâde eder. Bir tanesi de der ki, güzelleri olmasa bu dünya neye yarar. Buradaki şeklî güzellik değildir, kâmil insanlar olmasa demektedir. Kâmil sultanlardan biri olan hocama böyle birisi gelip, çok cimri kayınvalidem var, diye çok şikâyet etmiş. Hocam şikâyeti hiç sevmezler. En sonunda demişler ki, kızım biz cimri değil miyiz? Hanım demiş ki, efendim siz cimri değilsiniz, herkese yardım ediyorsunuz. Hayır demiş, hakîkî cimrilik kötü huyunu verememektir. Demek ki, bir kimseyi şikâyet edip eleştirmeden önce kendimize bakmak lâzım. Halimizden memnun olma sanatını elde etmek için kâmil insanı seyretmek lâzım. Onlar hep Allah'la ilişkide oldukları için her şeyden memnunlar. Hatta Bayezid-i Bestâmî Hazretleri diyor ki, Allah'ım bugün bana hiç ıstırap vermedin, hiç mi sevmiyorsun beni? O kadara kadar Allah'tan gelenden memnun ve hoşnutlukla karşılıyorlar. O halde kâmiller olmasa kimin aynasında kendimizin çirkin taraflarını ve eksikliklerimizi göreceğiz? Ancak onlara baktığımızda ne kadar eksik ve yanlışız, diyebiliyoruz. Velhasıl güzelleri olmasa bu dünya hiçbir işe yaramayacak.

NS: Âşık Veysel'in dediği gibi;
Güzelliğin on para etmez,
Bu bendeki aşk olmasa.

CS: Çok doğru. Allah'a binlerce şükür! Onlarda Allah'ın isimleri tecellî etmese, biz ne ismi tanırız, ne ismin hakîkatini biliriz, her şeyden bîhaber olarak yaşarız. Ama Allah sevgilileri Allah'ı aksettiren aynalar gibidirler. Onlar gölgesiz varlıklardır. Çünkü tecellî-i tam anında Allah sevgilileri zuhur eder ve işte o zaman onların gölgeleri de olmaz. Biz birer gölgeden ibâretiz onların yanında. Farsçası:
Tû me gû mârâ bedan şeh bâr nist
Ba kerîman kârihâ düşvar nist

Kerîm olanın eteğine yapış, seni de Allah'a doğru yükseltecektir, diyor Hazreti Mevlânâ.

NS: Evet, yani bunu iyi dostlar, iyi arkadaşlar olarak da söyleyebiliriz. Dostlarımıza, arkadaşlarımıza, çocuklarımızın arkadaşlarına hep iyilik üzerinden, iyi ahlâk üzerinden seçmelerini aşılamak, birlikte olmak için seçtikleri insanların özelliklerine dikkat etmeleri gerektiğini söylemek vazifemiz. İyi huylu insanlara daha farklı davranmak, yani onun o mânevî zenginliğini desteklemek.

CS: Ne güzel söylediniz. Dost, insanda maddiyat bırakmayan kişidir. Yani dost, insanda Allah'ın dışında her şeyini yok eden, onu Allah'a sevgili hale getiren kişidir. Dostu olmayan da insanın nefsâniyetini körükler. Aferin, yalan söyle, der. Aferin, şunu yap, oh dünyada yaşa, keyfine bak, der. Halbuki dünyada keyif diye bir şey yoktur. Yegâne rahat, tilâveti Kur'an, yani Kur'ân'ı hakîkatiyle bilmekte, sohbet-i ihvan, yani Allah aşkını konuşmakta ve Rahmet-i Sultan, yani Allah'ın rahmetini hissetmektedir. Onun dışında rahat olmaz

NS: Aslında söylüyoruz ve düşünmüyoruz. Yani göz açıp kapayıncaya kadar geçiyor zaman. Ben küçükken, hiç anlamadım, nasıl geçti almış yıl, yetmiş yıl, seksen yıl derlerdi, kendi aralarında konuşurlarken. Ben de şaşırırdım; nasıl geçer ki bu kadar zaman derdim. Yani insan on beş yaşındayken ona kırk da çok yaşlı, elli de, altmış da. Yani geçmez böyle bir zaman diye düşünüyorsun. Hem diyoruz, göz açıp kapayıncaya kadar bu dünya hayatı geçiyor diye, ama bunu düşünmek için çok fazla çaba harcamıyoruz. Madem bu kadar çabuk geçiyor, o zaman biraz daha dikkat etmemiz gerekiyor.

CS: Ne güzel, şu kocakarı denen dünya her istediğini geriye alır. Onun vefâsızlığına inandıktan sonra, zamansız ve mekânsız Allah'ın mânâsında dâima genç kalmak, insanı her zaman mutlu ediyor.

NS: Evet, çok şükür! Her zaman, her dâim mutlu ve genç kalmanız için fedakârlık etmeyi unutmayın. Çünkü fedakârlık özveri dediğimiz, içimizden, kendiliğimizden karşılıksız vermek, bu da her şeye değer.

ANA-BABA HAKKI

NS: Mesnevî Okumaları'ndan hepinize merhaba efendim. *Mesnevî-i Şerif*'le birlikteyiz yine ve bugünkü hikâyemiz 'ana hakkı'. Konumuz da 'ana- baba hakkı' zâten.

"Allah'ın üzerimizde olan haklarından sonra ana hakkı gelir."

Allah'ın haklarından sonra ana hakkı gelir. Çünkü kerem sahibi olan Allah, sen anne karnında iken ananı sana borçlu etmiştir.

Allah ananın bedeni içinde sana bir şekil vermiştir. Seni karnında taşıması için ona sevgi ve şefkat bağışlamış, ona tatlı bir huy vererek onu seninle huzura kavuşturmuştur.

Böylece ana, seni kendisine yapışık, kendisinin bir parçası, kendisinin bir cüzü olarak görmüştür. Fakat dokuz ay geçince Hak'kın tedbîri, şaşmaz kanunu gereği, kendisine yapışık parça kendinden kopmuş, ayrılmıştır.

Cenâb-ı Hak, akıl almaz binlerce sanat eseri ortaya koydu. Binlerce fen yarattı. Hak'kın sana olan sevgisi, ana sevgisi olarak belirlendiği için anan seni çok sevdi. Seni bağrına bastı, esirgedi, şefkat gösterdi.

Böyle olmakla beraber Allah hakkı, ana hakkından öncedir. Ana hakkından ileridir. Kim bu hakkı bilmez ve tanımazsa eşektir.

Cenâb-ı Hak anayı yarattı. Memesini de sütünü de seni besleyecek tertipte halk etti. Daha önce de senin dünyaya gelmen, varlık kazanman için anayı, babayı birbirine eş etti.

Ey ihsanı, lûtufları, iyilikleri kadîm olan, yani onlara ön olmayan Rabbim! Bildiğim bilmediğim nimetlerin hepsi de senindir.[29]

CS: Ne kadar güzel! Önce ana hakkıyla başlamak isterim müsaade ederseniz. Hazreti Mevlânâ kadın adeta mahlûk değil, hâliktir buyururken, analık vasfından

29 Şefik Can, *Mesnevî Tercümesi*, Ötüken Neşriyat, İstanbul:2003, C. 3-4, s. 45 beyit 325-331

bahseder. Yani Allah kendi yaratıcı vasfını kadında zuhur ettirmiştir. Kadın aslında aşkın temsilcisi ve Allah'ın cemâl sıfatının en güzel perdeden görüntüsü ve âşikâr oluşudur. Çocukların, yani bizlerin ismi; ezelî ismi, Allah'a ait isimleri babanın sperminde taşınır. Yani Levh-i Mahfuz'umuza ait bilgiler babadan gelir. Bu yüzden çocuk doğarken babayla anılır, ama anne olmasa o mânâ gelişmez, huzur bulmaz, vuku bulmaz, olay ortaya çıkmaz. O halde her şey annenin rahminde tecellî etmiştir. Bu tıpkı Allah'ın yaratıcılığının Peygamber'in koruyuculuğuyla birleşmesi gibi bir şeydir. O halde baba adıyla anılan ve öyle dünyaya gelen çocuk, ana adıyla gömülür. Demek ki, o çocuğun varlığını olgunlaştıran, büyüten, koruyan ve hakîkate kavuşturan annedir. Onu karnında taşıyarak, çeşitli mânevî tecellîlerin dokuz ayda onun vücuduna yerleşmesine sebep olur.

NS: Yanı kadının ana rahmine rahim denmesi, Allah'ın rahim vasfıyla, rahim sıfatıyla ilgili?

CS: Kesinlikle. Ve Peygamber'le çok alâkalı. Peygamber'de o rahmi koruyuculuk çok fazla. Kadında da Peygamber'e ait bu vasıf ortaya çıkıyor. Kadından bahsediyorum, dişiden değil tabii. Çok büyük bir fark var. Efendim gördüğünüz gibi anne bizi bu dünyaya getirmekle ve bize Allah'ı tanıma fırsatını vermek için sebep teşkil etmekle, Allah indinde çok güzel bir yere oturur. Onun için Peygamber Efendimiz'e sorarlar. Senin en kıymetli varlığın, en çok sevmen gereken kim, diye. Annemdir, der. Üç kere anne dedikten sonra dördüncü de babayı söyler. Demek ki, annenin geliştiriciliği, koruyuculuğu, sütüyle evlâdını besleyişi -ki süt, mânevî anlamda ilim de demektir- Allah'ı öğretişi, Allah'ı tanıtışı, bunların hepsi annenin kıymetini çok yüceltir. Üstelik yaşlılık Allah'ın insana bir lûtfudur. Yaşlılık tecellîsi şefaati getirir. İnsan seksen, doksan yaşından sonra Peygamber'in hadîsiyle şefaat hakkı kazanır. Demek ki, anneye babaya iyi davranan, hürmet eden Allah'ın şefaatine nâil olma derecesine ulaşır.

NS: Evet, ne kadar güzel! Aslında biz hep böyleydik, ailemizde anneanneler, babaanneler, dedeler, büyük teyzeler, halalar bulunurdu ve çocuk olarak da onların şefkatine sığınırdı ailenin çocukları. Şimdi onlar bir telefon uzaklığına taşındılar ve herkes birbirinden uzak. Hatta o kadar uzak ki, bayram reklamları şimdi, anne baba üzerine, anne babayı görmeye gitmeyi teşvik etmek üzerine yapılıyor. Halbuki bu zâten kültürümüzün bir parçası gibi zannedilirken, artık reklamla insanlara yeniden verilmeye çalışılıyor gibi bir şey.

CS: Ne kadar güzel. Bizde aile kavramı batıya bile örnek olan bir kavramdır. Batı aile anlayışını bizden öğrenmeye çalışıyor, ama biz maalesef batıya benzemek ihtiyacıyla birçok değerimizi kaybettik. Sıkıntıya gelemez bir millet olduk. Anne ve babalarımıza hürmet etmeyi unuttuk. Ben kendim yaşayayım da, kim mahvolursa mahvolsun gibi bir havaya büründük. Halbuki Allah ile irtibatlı olan insan, her an başkasına hizmet etmek üzere vaktini geçirir.

NS: Ki bu, bir de bizi doğuran, büyüten, besleyen olursa. Bunların hepsinden öte illâ çok iyi vasıflarla süslenmesi de şart değil, bizim annemiz babamız olması yeterli. Bizi hayata getirmesi zâten en büyük hediye.

CS: Ne güzel buyurdunuz. Ayrıca da onlara tahammül, onların sıkıntı ve belâlarını kolaylamak, hastalıklarına yardımcı olmak, yani gelecek için 'Allah'ım bana yardım et!' nidâsından başka bir şey değildir. Çok sevdiğim bir hikâye var. Bâyezid-i Bestâmî gibi bir sultan ki, Allah velâyeti içinde Cebrâil neyse, insân-ı kâmil içinde Bâyezid-i Bestâmî o makamdır, buyurmuşlar. O kadar yüce bir sultan! Allah'ına soruyor, bu devrin sahibi kim, diye. Şu demirci, diyor Allah. Bâyezid var ortada, ama Allah, şu demirci, buyuruyor. Ne özelliği var, diye gidip bakıyor. Bir de bakıyor ki, sabaha kadar felçli annesinin başında hiç uyumadan bekliyor, sadece ona hizmet edebilmek için. Bakın anneye hürmet insanı devrin sahibi mertebesine yükseltiyor. Anne o kadar kıymetli! Ebeveyn ve aile. Ayrıca Peygamber Efendimiz Allah'ın izniyle *"Cennet anaların ayakları altındadır"* hadîsiyle anneyi kutsuyor ve yüceltiyor. Nasıl bir cennetten bahsediyor Peygamber? Her zaman benim anlatmaya çalıştığım gibi dört nehri kapsayan; hangi nehirlerdir bunlar? Su, yani tevâzu nehri; anne çok mütevâzidir, evlâdını yetiştirme hususunda. Süt, yani ilim nehri; Allah ilmiyle dolu bir anne evlâdına ne kadar faydalı olur. Şarap nehri, Allah aşkıyla dolu bir anne hâdiseleri hep güzel görüp anlattığı için, çocuklarda olumsuzluk ve negatiflik yaratmaz ve bal tevhit nehri ki, bal şifâdır. Tevhit ehli, yani her yerde Allah'ı gören, kızmayan, sinirlenmeyen, öfkelenmeyen, başına gelenden memnun olan anneler evlatlarına şifâ olurlar. Demek ki, bu özellilere sahip bir anne evde cenneti oluşturur. Şahsen benim annem böyle cennet makamı bir anne ve kendilerine şükranlarımı iletiyorum, huzurunuzda efendim.

NS: Ne mutlu size! Gerçekten annemizi babamızı sevmek, korumak, kollamak, onların biz doğduğumuzda gösterdiği şefkati, biz de onlara böylece iâde etmek lûtfuna erişmemiz gerekiyor.

CS: Evet efendim, aslına bakarsanız bu, ayrıca da bir zevk. Kendisi anne olunca insan anneliğin kıymetini çok iyi biliyor. Onun için dokuz ay karnında taşıması bile ne lûtuftur. Allah ondan ayırmasın inşallah! Ayrıca anne sütüyle beslediği için bütün günahlardan arınır. Bu da Peygamber Efendimiz'in bir hadîsidir; *"Bir gün evladını sütüyle beslemek, yüzlerce köle azad etmek kadar Allah indinde güzel bir şeydir"*, der.

NS: O zaman sadece çocuğumuzu doğurup herhangi bir bakıcıyla baktırmak değil, ona gerçekten mânevî olarak da annelik yapmak önemli. Doğruyu göstermek, öğretici olmak.. Anne, anadili öğretiyor, âdetlerimizi öğretiyor, kültürü öğretiyor, iyiliği öğretiyor, bütün bunları öğretmekle de yükümlü.

CS: Ne kadar güzel söylediniz. Aynı zamanda anne çok iyi bir öğrencidir, çünkü evlâdından çok şey öğrenir. Sabrı öğrenir, tahammül etmeyi öğrenir. Sevilmeden sevmeyi öğrenir. Karşılıksız vermeyi öğrenir. Fedakârlığı öğrenir. Anne aslında çok iyi bir öğretmen ve öğrencidir aynı zamanda Ve sevdiği için, hâdisenin fedakârlık gibi gelmediğini öğrenir ve öğretir.

NS: Evet. Yoksa fedakârlık dediğimiz ve zorla yaptığımız şeyler olur hayatta ama çocuğumuz için böyle değildir bu.

CS: Evet. Yalnız burada da tabii annenin Allah için o çocuğu sevmesi, o çocuğa tapmaması son derece önemlidir. Yoksa o çocuğa olan sevgisi anneyi de babayı da mahveder ve yok eder.

NS: Evet, günümüz hastalıklarından biri bu. Anneyle baba zâten az sayıda olan çocuğa-genelde bir, iki- maalesef böyle bir tapma haline götürüyor ve ne öğretmen ne de herhangi bir başkası çocuğuma dokunmasın, konuşmasın, söylemesin, hiçbir kusurundan söz etmesin noktasına getiriyor. O zaman çocuk, hiçbir sınırı olmayan, âdaptan, edepten uzak bir çocuk haline geliyor. Ama bu, çocuğa esir olma hali aslında…

CS: Ne kadar güzel. Biz böyle bir şey yaşadık. Tanıdığımız bir karı kocanın oğulları İskender, hep birinci oluyordu. Hanıma nasılsınız, desem, İskender çok iyi, derdi. Bugün hava güzel, desem, İskender çok başarılı, derdi. Her şey İskender olmuştu onun için. Fakat çocuk eğitim için yurt dışına gitti ve orada yabancı uyruklu bir kızla evlendi. Annesini, babasını reddetti ve Türklük'ten çıktı. Anne baba tek evlatlarına tapmanın acısıyla altı ay arayla öldüler. İşte eğer evlâda değil de, Allah'a tapsalardı, bu dünyanın kıymetini bilip cennette yaşayacaklardı.

NS: O çocuk da o kadar bencil, egoist olmayacaktı.

CS: Ne güzel buyurdunuz! Fakat işte puta tapmak gibi etrafımızdakilere tapmaya başlarsak dünya bize cennet değil, cehennem olur. Bu idraki Allah bizden almasın. 'Lâ ilâhe illallah'ın zevkini, yani 'İllâ Allah'tır, başka put yoktur' u idrak etmeyi de bizden almasın inşallah diyorum efendim.

NS: Âmin, hepimize bunu nasip etsin ve bununla idrakimizi şereflendirsin gerçekten. Çünkü günümüzde mal mülk kadar çocuklarla da çok fazla imtihan oluyoruz.

CS: Ne güzel söylediniz. Bir de bu imtihanlar mevzuu var. İllâ benim istediğim okula girecek ve ben etrafa öyle övüneceğim havasından kurtulursak, çocuklarımızı çok daha şahsiyet sahibi, özgüvenli yetiştirebiliriz. Ama çocukları ezerek, yok ederek, illâ birinci olacaksın, illâ şu okula gireceksin demek, hakîkaten yok etmek demektir.

NS: Hatta bazen çocuk doğunca eşlerini de tamamen devre dışı bırakıyor, artık eşin de anlamı yok deyip, sadece çocuğa gerçekten bir tapma haline geçiyorlar.

CS: Evet, o zaman taptığımız her şeyden tokat yiyeceğimizi Allah'tan bilmek lâzım.

NS: Yani put varsa hayatımızda, tıpkı içimizdeki olumsuz duyguların putu gibi, o putlar gibi kırılmaya mahkûmdur.

CS: Kesinlikle kırılacaktır. Hatta Allah kıracaktır. Biz kıramazsak acı şekilde kırılıyor. İnşallah bunu kimseye Allah yaşatmasın!

NS: Âmin! Allah kimseye elbette evlat acısı göstermesin. Evet, bugün de sohbetimizin sonuna geldik ve "Allah'ın üstümüzdeki haklarından sonra, ana hakkı gelir", diyen *Mesnevî*'ye gönülden katılıyoruz. Ana ve baba hakkını asla unutmayın.

HOŞGÖRÜ

NS: Mesnevî Okumaları'na hoş geldiniz efendim. Yeniden sizlerle birlikteyiz. Evet, *Mesnevî-i Şerif* bakalım bu akşam hangi hikâyeyle bizle birlikte olacak. Bu akşamki konumuz 'hoşgörü'. Elbette yetmiş iki millet birdir bize, diyen sevgili Mevlânâ'nın öyküleri çok bu konuda.

"Herkes âleme kendi görüşü zaviyesinden bakar."

Hazreti Muhammed'i Ebû Cehil gördü de; "Haşimoğulları'ndan çirkin bir yüz belirdi", dedi.

Hazreti Peygamber ona buyurdu ki; "Haddini geçtin, ama doğru söyledin."

Halbuki Hazreti Ebû Bekir, Hazreti Peygamber'i görünce; "Ey güneş, sen ne doğudansın ne batıdan, latif bir nurla parla" diye buyurur.

Peygamber Efendimiz ona da; "Ey şu değersiz dünyadan kurtulan aziz varlık, doğru söyledin" diye buyurdu.

Orada bulunanlar; "Ey insanların en şereflisi, en büyüğü, ikisi de birbirine aykırı düşen söz söyledi. İkisine de; "Doğru söyledin" diye buyurdunuz; bunun sebebi nedir?" dediler.

Hazreti Muhammed (s.a.s.) buyurdu ki: "Ben Hak'kın kudret eliyle cilâlanmış bir aynayım, Türk olsun, Hintli olsun; bana bakar, kendisi nasılsa bende kendini öyle görür." [30]

Evet, işte onu bunu bırakıp gönül harabesindeki gizli hazineyi bulmak hoşgörü ile mümkün galiba değil mi sevgili Cemâlnur hanım?

CS: Ne güzel söylediniz, efendim. Aslında hoşgörmemek mümkün mü? Çünkü yaradılmış Yaradan'ın bir ismine sahipse, sen sevdiğini hoşgörmekle vazifeli değil misin? Burada bir zorlama da yoktur çünkü hoşgörü tolerans değildir. Batı âlemi daha çok tolere eder. Toleransta bir aydının eğitimli olmasından gelen zorakîlik vardır. Ama hoşgörüde *'Yaradılmışı*

30 Şefik Can, *Mesnevî Tercümesi*, Ötüken Neşriyat, İstanbul:2003, C. 1-2, s. 175-176 beyit 2365-2370;
Ken'an Rifâî, *Mesnevî-i Şerif*, Kubbealtı Neşriyatı, İstanbul:2000, s. 341 beyit 2402-2407

severim, Yaradan'dan ötürü' deyişi vardır. Bir öğrencimden geçen gün bir mektup aldım, çok etkilendiğim için bunu burada anlatmak istiyorum. Çok genç bir öğrencim 19 yaşında, benimle birlikte Suudi Arabistan'a gelmişti. Ve orada birazcık galiba bir beyin bir hanıma yanlış muamelesini görerek bütün insanları yargılayarak, kötü nazarla bakarak

oradakilerin hepsinin kötü insanlar olduğunu düşünmeye başlamış. Daha sonra eğitimi nedeniyle Londra'ya gittiğinde Arap âleminden bir gence âşık olduğunu, gence âşık olduktan sonra ve onu tanıdıktan sonra onun ülkesinden ya da onun neslindendir diye bütün Arap âlemi erkeklerine güzel bakmaya başladığını anlattı. Ve şöyle dedi, bu beni çok etkiledi "Ben Allah'ın bir kulunu sevdiğim için O'nun bütün hemdaşlarına, vatandaşlarına çok sevgiyle bakmayı öğrendim. Ama ne kadar ayıp etmişim ki; yaradılmışta Yaradan'ın ismini göremediğim için onları eleştirdim. Görüyoruz ya 19 yaşında bir genç kızın idraki insana bunları öğretiyor. Öyleyse insan Allah'a âşık olduğu zaman bütün yaradılmışı sevmek diye bir vazife ile vazifelenir. Ne kadar güzel değil mi efendim?

NS: Cemâlnur hanım harika bir öykü; hem bugünü anlattığı için hem de galiba şöyle bir sorun da var. Batı gözlükleri ile batı sözlükleri ile bizi değerlendirmeye çalışan, bizden olanlar da toleransla hoşgörüyü birbirinin yerine koyuyorlar ve batı kültürünün ürünü olan toleranstan yola çıkarak, bizdeki hoşgörüyü de tahammül etmek diye tercüme ediyorlar. Oysa gönül nasıl tercüme edilemiyorsa, bence hoşgörü de toleransla tercüme edilecek bir sözcük değil.

CS: Biraz yaşanması gereken bir şey. Hoşgörüde hakîkaten ezelî bir nasip var. Yani siz sevdiğinizin her şeyini seversiniz. Anneler mesela geceleyin uykularından uyandırıldıklarında hiç şikâyet emezler. Aynı hanım anne değilken her uyanışta şikâyet ederken, anne olunca sevdiğinin ezâsından çok memnun olmaya başlar. Ah canım uyandı yemeğini yedi, diye bakar uyanışına. Demek ki sevdiğinden gelen, acı ve ızdırap gelmez. Bilakis lûtuf ve selâm gibi gelir. O yüzden insanın böyle baktığında, hoşgörüsüz olması mümkün değil. Şöyle düşünürsek, Allah'ın bizi ne kadar hoşgördüğünü düşünürsek, Tevbe Sûresi'nde Allah buyuruyor ki; *"Son nefesinize kadar tövbe kapım açık, her an sizi affetmek üzere*

ben hazır bekliyorum". Hz. Mevlânâ'nın *"Divân-ı Kebîr"*inde bulunamayan ama ona atfedilen, *"Gel her ne isen gel, tövbeden dön yine gel"* deyişi, Tevbe Sûresi'nin bu âyetinin emrine uymaktan başka bir şey değildir. Hz. Mevlânâ'da Peygamber ahlâkından ve

Allah emrinden başka bir şey göremezsiniz, mümkün değil. Onun için mesela birisi ona gelmiş, demiş ki; yetmiş iki milletle beraberim demişsin. Bu edepsizliği ettin mi? demiş. Hakîkaten böyle bir şey söyledin mi, sen bu kadar yanlış ve kötü olabilir misin, deyince; Dedim, efendim. Hatta sizinle de beraberim, diyor Hz. Mevlânâ. Görüyoruz ki onun sevgisi Allah'tan dolayı, Allah vasıtasıyla...

Onlar diye bir kelime zaten İslâm'ın içinde olamaz. İslâm ümmetleri, dâvet ümmeti ve yahut İslâm ümmetleri olarak iki gruba ayrılır. Dâvet ümmetine bile onlar kelimesi kullanıldığı Allah tarafından görülmemiştir. Nefse Allah onlar diyebilir, o da hepimizde var. Yani yabancı ve düşman olan yalnız kendi nefsimizdir. Hikâyeye dönerseniz, Peygamber gibi sultanlar ayna vazifesi gördüğünden, biz onları sevdiğimiz zaman aslında kendimizi sevmiş oluyoruz. Hâşâ onlardan nefret ettiğimiz zaman da kendi çirkinliklerimizi görmüş oluyoruz. Aslında Hz. Mevlânâ diyor ki etrafında eleştirdiğin her çirkinlik sana aittir. Ne güzel... Öyleyse demek ki başkasında bir yanlış ya da abes görüyorsak, kendimize ait çirkinlikten başka bir şey değil. Yine "*Fîhi Mâfîh*"te anlatır; sen der, elin yaralıyken yemek yapıp ikram edersin, hiç kınamazsın da, başkası eli yaralı yapıyorsa, ondan iğrenir yemezsin. Ne biçim insansın sen? O halde kendi hatâlarımızı görmeye odaklanırsak, onlar diye başkası diye biri kalmıyor, değil mi efendim?

NS: Sosyolojik olarak veya siyâsî olarak öteki diye devamlı söylenen, yazılan öyle bir öteki olmuyor böyle bir durumda zâten...

CS: Çok güzel söylediniz. Eğer o kelime ötedeki teki ise o hoş, ama eğer öteki başkası, dışarıda biri ise öyle biri yok. Biz aslında çeşitli aynalarda kendi kusurlarımızı ve güzelliklerimizi seyrediyoruz, methediyoruz ya da eleştiriyoruz. Methettiğimizde biziz, eleştirdiğimiz de biziz. Bu idrake vardığımızda, Allah'ın, "ben sizi farklı yarattım, yeter ki farklılıklarla yarışın, birliği idrak edin, tevhidi anlayın" demesi âyetini de çok iyi idrak etmeye başlıyoruz.

NS: Gerçekten bu olağanüstü bir idraktir. İnsanın hayatını değiştiren bir idraktir. Herkese temennî ediyoruz. *"Mümin müminin aynasıdır"*, dediği gibi yani...

CS: Münâfık da münâfığın aynasıdır aslında. Müminin farkı, başkasında gördüğünün kendi olduğunu idrak ettiğinden, Peygamberimiz *"Mümin müminin aynasıdır"*, buyurmuş. Münâfık ise karşısında gördüğü hatâyı kendinden bilmez, hep başkasını suçlar, sebep görür ve eleştirir. Demek ki hatâ, aslında nefsinden başka düşman olduğunu zannetmektir. Mısrî Niyâzî Hazretleri çok güzel bir şiirinde şöyle buyuruyorlar; *"Ben beni terk eyledim, gördüm ki ağyar kalmadı."* Yani nefsimi terk edince hiç yabancı öteki beriki kalmadı, diyor Mısrî Niyâzî Hazretleri.

NS: Hep canlar bir oldu dediği bu...

CS: *"Gelin canlar bir olalım"*, evet öyle, buyurduğunuz gibi... Ben de âcizane hep güzeli biz Türkler böyle gösteririz, beş parmağımızı birleriz. Bakın bu beş parmak ta birbirinden farklıdır. Ama ancak birbirini kabul ettiği zaman güzel olur. Öyleyse farklılıkları hoşgörmek, sevmek... Yalnız burada şunu da anlatmak lâzım; Hocam'ın çok güzel bir sözü var "Ben her şeyi hoşgörmeye çalışırım. Ama kimseye de olduğundan fazla değer vermem" diyor. Bu ne güzel bir dengedir. Demek ki Allah'la ilişkide her şeyin Allah'tan olduğunu bilerek, o ilişkilere sırat koymak yani denge koymak, aşırıya kaçmamak, hiçbir sevgimizi tapma haline geçirmemek, işte hoşgörünün bir başka özelliği de bu olmalı diye düşünüyorum. Burada çok dikkat etmemiz gereken bir nokta daha var; hoşgörü içimizde ama dışımızda da zâlimin zulmüne itirazla vazifeliyiz. İçimizde zâlimden nefret etmeyeceğiz. Onun vazifeli olduğunu, onun bu dünyaya gelmesi, bizim zâlim olmayışımızı ortaya çıkarmak için olduğunu bileceğiz ama dışımızda zâlimin zulmüne eşlik etmemek için onunla mücâdeleye devam edeceğiz.

Bir de buyurduğunuz gibi, her farklının içinde farklı bir güzellik olduğu için. Ben gayet iyi hatırlarım, genç kızken biraz kiloluyum diye üzülüyordum, kızkardeşim de Amerika'dan gelmişti. Bana dedi ki "Senin istediğin gibi vücut Amerika'daki bütün kızlarda var. Ama hiçbirisi bir Cemâlnur değil, sen kendindeki güzelliği ortaya çıkarmaya çalışsana". İşte bu bana büyük ders olmuştur. Öyleyse hepimiz kendimizdeki Allah'a ait güzelliği, başkasına benzemek sevdasından kurtularak, o Allah'a ait güzelliği ortaya çıkarma gayretine girersek, o zaman hakîki anlamda hem kendimizi severiz, hem bütün yaratılmışı severiz inşallah.

NS: Yaradılmışı, Yaradan'dan dolayı sevmeyi nasib etsin Allah diyelim. Ve de "yetmiş iki millet birdir bize" diyerek Hz. Mevlânâ'ya selâm eyleyelim.

ÖLÜM

NS: Mesnevî Okumaları'ndan hepinize merhaba. *Mesnevî-i Şerif*'te bugünkü hikâyemiz 'ölüm'le ilgili. Çağımızda ölüm pek sevilmeyen, neredeyse tabu haline gelen bir şey ama âhiret bizim için değerli bir kavram. *Mesnevî*'de Mevlânâ diyor ki;

"Ölmek aslında dirilmektir".

Ölüm gibi görünen, fakat hakîkatte ölümsüzlük olan hal, bize helâl olmuştur. Bu dünyada maddî rızkın kesilmesi ya da azalması da, bize öteki dünyanın rızkı olmuştur.

Bizi korkutan, can vermenin görünüşü, dış yüzü; ölümdür. İç yüzü ise diriliktir, yaşayıştır. Görünüşte bir tükenmedir. Hakîkatte ebedî hayattır.

Ana rahmindeki çocuğun doğması, bulunduğu dünyadan yeni bir dünyaya göç etmesidir. Fakat, dünyaya gelişi, onun için yeniden açılıp saçılmaktır.

Mademki benim ölüme büyük bir şevkim ve aşkım vardır; *"Nefislerinizi elinizle tehlikeye atmayınız"* buyruğu nerede?

Ölüm meyvesi, benim için tatlıdır. *"Onlar hayattadırlar"* âyeti, benim gibi şehit olmak arzusunda olanlar için gelmiştir.

Ey güvendiğim dostlarım! Beni kınayarak, ayıplayarak öldürün. Çünkü öldürülmem, beni ebedî hayata kavuşturacaktır.

Ey yiğit! Gerçekten de benim hayatım ölümümdedir. Yerimden, yurdumdan ne vakte kadar ayrı kalacağım.

Bu dünyada duruşum benim için bir ayrılık olmasaydı; *"Öldüğümüz zaman hiç şüphe yok ki, biz yine dönüp O Allah'a varanlarız"* diye buyurulmazdı.

Dönen kişi, ayrıldığı şehre tekrar gelen kişidir. Zamanın ayırışından kurtulup, birliğe ulaşandır.[31]

---

31 Şefik Can, *Mesnevî Tercümesi*, Ötüken Neşriyat, İstanbul:2003, C. 1-2, s. 236-237 beyit 3927-3930, 3933-3937;
Ken'an Rifâî, *Mesnevî-i Şerif*, Kubbealtı Neşriyatı, İstanbul:2000, s. 582 beyit 3970-3973, 3976-3980

Sevgili Cemâlnur Hocam, yani biz aslında geldiğimiz yere geri dönmek olan ölümden neden bu kadar korkuyoruz?

CS: Çünki hiç tanımıyoruz. Hz. Mevlânâ'nın verdiği örnek yine her zamanki gibi muazzam. Ana karnındaki çocuk, yegâne vatanın ana rahmi olduğunu düşündüğünden, dışarı çıkmamak için savaşır, diyor. Halbuki çıktığı zaman der ki diyor, Aman Yarabbi burası ana rahmine göre ne kadar geniş ve büyükmüş ve ben ne kadar acele etmeliymişim buraya gelmek için. İşte ölümü de tanımayan insan, o rahim gibi olan dünyadan hakîkat âlemine doğru genişlemekten son derece korkar. Çünkü insan bilmediği şeyden korkar. Aslında âhiret bizim içimizdir, dünya dışımızdır. Biz hep dünyayı mamur ettiğimiz için, âhiretten bîhaber yaşıyoruz. Bir kere içimizin tadını ve zevkini alabilsek, o zaman ölüm korkusu insanın hayatından toptan kalkar.

NS: Yani gönül viranesinde gizli hazineyi aramak bu.

CS: Evet, ne kadar güzel söylediniz. Aslında bugünlerin güncel konularından biri şehâdet. Burada şehitliğin ne kadar Allah indinde makbul bir şey olduğunu hatırlatmak isterim. Uhud Savaşı'na katılması emredilen kişilerden bir tanesi o gece evlenmiş. Zifaftan ayrılarak, Peygamber'ine eşlik etmek üzere savaşa gelmiş. Ve savaşta şehit düşmüş. Fakat zifaftan ayrılarak geldiği için, eşi gözyaşlarıyla meydana geliyor. Herkes eşin öldü diye bu kadar ağlama deyince, hayır hayır diyor. O Peygamber'iyle beraber savaşark öldü, bu büyük mutluluk. Ama abdest dahi alamamıştı, ona ağlıyorum. O zaman Peygamber bak, buyuruyor. Gökyüzünde bütün melâike şehide abdest aldırıyor. Onun için şehitler yıkanmaz. Onun için şehitler şâhittirler. Yani Allah'ı görmek için savaştığımız, cennetinden cehenneminden vazgeçerek, cemâline ne olsa kavuşsak dediğimiz Allah'ı görme şerefine hiçbir vasıtasız erişen, yegâne varlıklar şehâdet mertebesinde olanlardır. Onların şefaatlerine de bizi nâil

kılsın inşallah.

Bu arada ölüm korkusu nedir?, diye sorduklarında Hocam Ken'an Rifâî harikulâde bir örnekle

açıklamışlar. Demiş ki hiç Yûsuf Sûresi okumadınız mı? Mâlûm-i âlîniz Yûsuf Sûresi üç kitapta da geçen bir sûredir. Ama bu bölümü yalnız Kur'an'da var. Bu bölümde Züleyhâ Yûsuf'a âşık olur. Ama Yûsuf'a âşık olmak onun haddi değildir, çünki evlidir Züleyhâ. Kadınlar da dedikoduya başlarlar. O da bütün arkadaşlarının eline birer turunç vererek, onları ziyâfete çağırır. Hanımlar tam turunçları keserken, Hz. Yûsuf'u önlerinden geçirir. O bütün güzelliği ile önlerinden geçince, hanımlar şakır şakır ellerini keserler. Hiç acı bile hissetmezler, hiçbirşey gözleri görmez. Hocam diyor ki; eğer sen Allah aşkıyla doluysan, gözünün önünden Peygamber'in geçeceğinden, ölme anında hiçbir acı duyman sözkonusu olamaz. Ne güzel bir örnek. Demek ki Peygamber'i tanımak; Allah'ı idrak etmek,

Yaratıcı'mızın sevgisini, koruyuculuğunu, sarışını idrak etmek, ölüm denen hali zevk haline geçiren bir örnektir.

NS: Yani sevgili Mevlânâ Hazretleri'nde olduğu gibi ona düğün gecesi demesi bu nedenle...

CS: Evet hatta biraz ileri gidiyor. Gelinin elini öpmeye çıkacağım, diyor. Sonra diyor ki gelin dedim diye beni çok kınayan olur. Ama ben yazmıyorum, yazdırılıyorum. Allah böyle dememe kırılmıyor, diyor.

Beni çok etkiliyor burası. Çünki Mevlânâ Hazretleri'nin vuslat, birleşme, hakîkate dönüşü böyle tasvir etmesi, adeta mîracın başka bir şekli gibi anlatması ne kadar güzel. Yine Hazreti Mevlânâ'nın "vedâ vedâ deme, baktığın zaman, bu benim kavuşmamdır, yokoluşum değil" diye bağırışı, ölümün ne kadar büyük bir mutluluk ve güzellik olduğunu bize anlatıyor. Kim korkar ki gideceği yeri tanırsa? Çünkü ölüm deyince bize iki kavram aklımıza getiriyor; cennet ve cehennem. Aslında bunların bu âlemde başladığını idrak edersek, onları da tanımaya başlarız. Cennet huzur ve mutluluktur. Cehennem vicdan azâbıdır. Vicdan azâbı, kendindeki Allah'a ait isme ters hareket eden insanın azâbıdır. Burası çok enteresan. Mesela Hocam'a sormuşlar alay etmek için, cehennemde kaç kilo odun yanıyor demişler, demiş ki senin ateşin çıktığında içinde ne kadar odun yanıyorsa, o kadar yanıyor. Demek ki içindeki sıkıntı ve belâya cehennem, huzur ve mutluluğa cennet denir. Ben çok iyi hatırlıyorum, Fenerbahçe parkında büyüdüm. O park benim her zaman cennetim olmuştur. Etrafa bakarım böceğinde, çiçeğinde, Allah'ın bir ismini görmeye gayret ederim, oradaki güzellikleri seyrederim, Yaratıcı'mdan çok memnun olduğumu izhar etmeye çalışırım. Birgün orada gezerken, bir kızın sevgilisi ile birlikte yürüdüğünü ve ağladığını gördüm. Dedim ki ne kadar enteresan, bana cennet olan yer o kıza cehennem. Öyleyse cennet ve cehennem farklı yerler değil. İdrak ettiğimiz yerler.

NS: Yani mekânlarla ilgisi yok onun.

CS: Hiç yok. Siz eğer sıkıntıdaysanız, köşkler size cehennemdir. Eğer mutluysanız, dar kulübe size dünyanın en güzel, en cennet yeri gözükür. Gelelim Mevlânâ'nın mübârek babası Sultan-ül ulemâ'nın, yani Sultan Veled'in, büyük Veled'in yorumuna. O diyor ki; Allah'ın hûri, gılman zencefil, cennet nehirleri diye târif ettiği her şey, Allah'ın cemâlinin farklı bir görünüşünden başka bir şey değildir.

Onun o güzelliğinin senin içinde uyandırdığı hislerin adı bu hûriler, gılmanlar. Ve zâten insân-ı kâmil, yani kemâl noktasına eren kişinin cennetle cehennemle alâkası olmaz. Onlar bu sıkıntılardan kurtulmuşlardır. Kayıtlardan kurtulmuşlardır. Ve öyle bir yere varmışlardır ki yalnız Allah'a kavuşmanın zevki içindedirler. Mevlânâ Hazretleri, *Mesnevî*'de mîraç dönüşü Peygamber'e Allah'ın şu sözleri müjdelediğini söyler; "Ya Muhammed! Senin kavmini üç bölük yaptım. Birinci bölük; senin günahkârların, onları affettim. İkinci bölük; müminlerin, onları sonsuz huzurum olan cennetimle müjdeledim. Ama üçüncü bir bölük var ki; çölde susuz kalmışcasına beni özleyenler, işte onları kendi cemâlimle müjdeledim." Bundan daha büyük bir zevk olabilir mi? Hemen Rabiatü'l Adevviye Hazretleri geldi aklıma. Elinde meşale, ben cenneti de cehennemi de yakmaya gidiyorum, onlarla meşgul olanlar yansın kül olsun diye, diyor. Öyleyse cehennem bir yerde bizim kötü huylarımızdan oluşan ateştir. Cennet ve cehenneme kimin gideceği de yalnız Allah'ın belirleyeceği bir şeydir. Biz kul

olarak hiç haddimize düşmemiş. İstersek bu konunun en büyük âlimi olalım, kimseyi bu cennetlik, bu cehennemlik diye değerlendiremeyiz. Bunun en güzel örneği Yunus Emre Hazretleri'nin *"Er yarın Hak divanında belli olur"*, demesidir. Demek ki Allah'ın indinde kimin ne olacağını biz asla bilemeyiz. Onun için yorum yapma hakkına hâiz değiliz. Ancak duâ edebiliriz. İnsan olmayı bize nasib et, cemâlini lûtfet, diye devamlı duâ edebiliriz ancak.

NS: İnşallah hepimize bu duâyı etmeyi nasib etsin, diyelim.

CS: Yaratıcı'nın farklı isimleri varsa da hepsi aynı ismin farklı tecellîlerinden başka bir şey değildir. Mâlûm-i âlîniz renk diye bir şey yoktur. Ama bu âlemde atmosferden geçince, 7 renge ayrılır. Allah'ın 99 isme ayrılması gibi. Yedi renk sonsuz tona ayrılır. Hepimizde o isimlerin farklı tezahürleri gibi. Ne acı ki, hemen hâki yeşil mesela, ördek başı yeşiline düşman olur, ton farkından dolayı. Bilmez ki ikisi de yeşildir. İkisi de renksizdir aslında. Dolayısıyla başkası, öteki; bunlar aslında yok. Hepsi 'bir'in farklı görüntülerinden ibâret.

NS: 800 yıl önce *Mesnevî* bunu çok güzel dile getirmiş. Hem Kur'ân-ı Kerîm'den yaptığı tefsirlerle, hem hadislerle bugüne kadar canlı kalmasını sağlamış, ama bugün nedense insanlar birbirlerine daha fazla düşman halde.

CS: Evet aslına bakarsanız Hazreti Pîr gibi bilenler hep ortada olsalar, bu düşmanlıklar da ortadan kalkar. Biz helvanın bütün malzemelerini biliyoruz da ocağın altını açacak bir ateşbaz lâzım bize. O açılmadan, onlar karışıp birbiriyle birleşip yeni bir tat vermiyorlar. Öyleyse bilmekle bu iş olmuyor. Yaşayanlardan görmek lâzım. İnsân-ı kâmiller cennetin içinde yaşarlar. Cennet mefhumu, biliyorsunuz insân-ı kâmille özdeştir, aynı şeydir. Zîra cennetteki dört nehirden bahsedilir. Bu insân-ı kâmilin dört özelliğidir. Su nehri tevâzu, süt nehri Allah ilmi, şarap nehri Allah aşkı, bal nehri de tevhid, her yerde Allah'ı görmek demektir. İşte bu dördü bir insanda varsa, o cennettir zâten.

NS: Zâten geriye dönüşümüzde birlemenin yeni adıdır. O yüzden biz diyoruz ki "ölmek, geldiğimiz yere dönmek ve birlemek..."

KADIN

NS: Mesnevî Okumaları'ndan merhabalar, *"Mesnevî-i Şerif"*ten bugün günümüzün de en büyük sorunlarından biri olarak gösterilen, halbuki dünyanın güzelliği olan kadınla süsleyeceğiz. *Mesnevî-i Şerif* ne diyor;

"İnsanlar için süslenmiştir" âyeti gereğince, Allah'ın süslediği, güzel yarattığı kadından

nasıl kaçılır.

Allah, kadını erkek onunla huzura kavuşsun, rahatlasın, ona eş olsun diye yarattı. Hz.

Âdem nasıl olur da Hz. Havvâ'dan ayrılabilir?

Erkek yiğitlikte Zaloğlu Rüstem olsa, kahramanlıkta Hz. Hamza'yı bile geçse, kendi kadınının esiridir.

Mübârek sözleriyle cümle âlemi mest eden Hz. Muhammed bile, Hz. Ayşe'ye "Ey pembe beyaz kadın, ey Hümeyra, bana bir şeyler söyle de beni rahatlat" diye buyurdu.

Su güç bakımından ateşten üstündür, Gerekince ateşe saldırır, onu söndürür. Fakat

su bir kaba konunca, ateş onu kaynatır.

Su ile ateş arasına bir tencere girince, su ateşi söndüremez de ateş suyu yok eder, buhar halinde havaya uçurur.

Görünüşte su ateşe galib olduğu gibi, sen de kadına galib isen de, iç yüzden ona mağlupsun, çünkü onu istemektesin.

Böyle bir hassa ancak insanda var. Hayvanda ise sevgi azdır. Bu da onun noksan yaradılışındandır.

Hz. Peygamber *(s.a.s.)* buyurdu ki: "Kadın, akıllı kişilere ve gönül ehline fazlasıyla galip olur. Câhil kişiler de kadına galip gelirler, çünkü onlar pek sert pek kaba kişilerdir.

Câhil ve kaba erkeklerde incelik, lûtuf, sevgi azdır. Çünkü onların yaradılışında hayvanlık sıfatı üstündür.

Sevgi, incelik, acımak, insanlık huyudur, insanlık vasfıdır. Öfke ve şehvet ise hayvanlık huyudur, hayvanlık sıfatıdır.

Kadın, sadece bir sevgili değildir. Kadın Hak'kın ışığıdır, nûrudur. Sanki o, mahluk değildir de hâlıktır. [32]

Evet, sevgili Mevlânâ çok güzel kadını târif eder. Bugün de hâlâ ihtiyacımız olan kadını, 800 yıl önce târif etmiş. Şimdi, bugün de arife günü. Ve arife kadın adıdır bizde aynı zamanda, ayrıca çok önemli bir anlamı var ki kadına atfedilmiş.

CS: Efendim arife günlerin en önemlisidir. Biz arife deyip geçiyoruz. Ama Allah indinde,

muhasebemizin yapıldığı ve ârif olma fırsatının önümüze geldiği gündür. Bugün günlerin en önemlisi. Yarın inşallah sabrın neticesi olan bayrama erişeceğiz. Bayram da Allah'ın bize "Ne mutlu, sen vazifelerini yapmanın huzuruyla vücudunu bayram haline getirdin" deyişidir. Bayramlık ârifliktir. Bayramda olabilmek sabrın neticesini idrak etmek ve bir ay süren sıkıntının, sabrın, son on günde tecellî eden Kur'an ile, Kur'ân'ın hakîkatiyle bayramlaşmasıdır. Çünkü insan sıkıntı çektiği zaman mutlaka Allah'ın 'sevgilim, ben buradayım' nidâsını duyar. Yeter ki Allah onu evde bulsun. Sebeplerin peşine takılıp gitmesin.

---

32 Şefik Can, *Mesnevî Tercümesi*, Ötüken Neşriyat, İstanbul:2003, C. 1-2, s. 164-165 beyit 2425-2437;
Ken'an Rifâî, *Mesnevî-i Şerif*, Kubbealtı Neşriyatı, İstanbul:2000, s. 347 beyit 2462-2474

NS: Yani sıkıntı ve zorluk çekiyorsak, Allah'a sığınıyoruz o zaman.

CS: Kesinlikle ve Allah onunla bir ve beraberdir. Mâlûm- i âlîniz güneş viranelere doğar. Onun için sıkıntı anında Allah bize çok yakındır. Bizimle bir ve beraberdir. Dolayısıyla bayram da bunun idrakidir. Onun için bugün herkes nasıl bir Ramazan geçirdiğini, ne kadar sabrettiğini, hangi organlarının oruç tuttuğunu idrak ederse, bayramı o kadar anlar diye düşünüyorum âcizâne.

NS: Sadece midesi ile değil, gözüyle, eliyle, diliyle oruç tutmuş olanlar bayram edebilir yarın.

CS: Evet ne güzel söylediniz. Efendim, kadın meselesine gelince, çok hoş bir mesele. Burada

bahsedilen kadın nefsin ego kısmını aşmış, dişilikten kurtulup kadınlık makamına yükselmiş kadındır. Zîra Allah'ın cemâl tecellîsi, yani güzellik tecellîsi, en ince perdeden kadından tecellî eder. O halde kadına baktığında Allah'ının ismini gören insan, hakîkaten ona âşık olmaktan çekinmez. Çünkü onda, âşık olduğu kadının vücudu ya da şekli değil, ondaki Allah'ın güzelliği ve zerâfetidir. İşte böyle idrak eden erkek, kâmil erkektir. Ama maalesef bugün şiddet olayları, kötü mumaleler bunlar…

NS: Hergün gazete ve televizyonlarda, şiddetten öldürülen kadınlar, işkenceye uğrayan kadınlar, dövülen kadınlar, töre cinayeti, o kadar çok duyuluyor ki, insan bunların nasıl Müslümanlığı kavradığını anlamakta zorlanıyor.

CS: Bunda son derece haklısınız. Zîra İslâm eğitimi olmayan kişilerin yapabileceği şeylerdir. Bir kere İslâm'da her yaradılmışta Allah'ın adı olması hasebiyle, ona son derece değer vermek vardır. Hatta Yunus Emre'nin, *"Bir kez gönül kırar isen, bu kıldığın namaz değil"* diye bizi uyarmasına çok dikkat etmek lâzım. Bırakın kadın erkeği, bir gönlü hafifçe kırmak, onu aşağılamak, küçümsemek bile bütün ibâdetlerimizi Allah indinde sıfıra indiriyorsa, hâşâ insana kötü muamele etmek, hele şiddetle muamele etmek, hayvânî vasıflarımızın, nefsâniyetimizin ve benliğimizin, egomuzun neticesidir.

O zaman biz birine şiddet veya alaycı muamele ediyorsak, kendi seviyemizi anlarız, başkasını

küçültemeyiz. Ancak kendimizin ne kadar aşağı bir seviyede olduğunu idrak edebiliriz. Bu yüzden hepimizi Allah korusun. Çünkü farkında olmadan bazen çok kötü kalp kırıyoruz. Ve Hümeze Sûresi'nde kesinlikle yasaklanan bir şeyi gençlerimizde ben çok görüyorum. Alaycı bakışlar, ağız burun bükerek insanların arkasından alay etmek, bazen de çok zeki olduğumuzu göstermek için, başkalarını herkesin yanında küçültmek ve küçümsemek. Bunlar Allah indinde katiyetle ve kesinlikle yasaklanmıştır.

NS: Yani kadını ikinci sınıf gören, sen anlamazsın diyen, onu kendi gözü ve vasfıyla gördüğü için hayvan muamelesi yapan insanlar, aslında kendilerini küçültmüş olurlar.

CS: Bir de tabii bu insanlar hiç Kur'ân'ı Kerim bilmiyorlar, hiçbir şekilde dinle alâkaları yok demektir. Çünkü nice hikâyeler yazılsa da kadın için, İslâm dini kadını yere göğe koymadan yüceltmiştir. Bütün emirler kadın ve erkeğe eşit şekilde inmiştir. Allah hiçbir yerde kadını daha aşağı tutmamıştır; Fıkhî kaidelerde dahi, onlarda da çok ince farklılıklar vardır. Dolayısıyla kadın Allah indinde çok değerlidir. Çünkü kadın erkek farkı, bu dünyaya ait bir farktır. Allah indinde böyle bir fark yoktur.

NS: Yüce Rab'bimiz diyor ki, zâten ikinizi de aynı hamurdan yarattım.

CS: İkinizi de kendi üflediğim ruhtan yarattım diyor, doğru efendim. Dolayısıyla burada kadının bir şansı daha olduğunu düşünüyorum âcizâne. Çünkü Allahu Azîmüşşân aynada kendine baktı ve erkeği yarattı. Erkek aynada kendine baktı ve kadını varetti. Şimdi burada, erkek aynada, kadında sevdiğini görmezse, Allah'ı tanıyamaz. Kadın ise ezelden nasipli olduğu için ihtiyaçsız Allah'ı tanıma özelliğine sahiptir. Bu yüzden Hz. Mevlânâ doğurucu olması hasebiyle de kadını adeta mahluk değil hâlık, halkedici diye değerlendirir. Onun için, yani erkeğin kadın aynasına son derece ihtiyacı vardır; Allah'ını bilmek ve görmek için. Bizim de bütünü daha kolay idrak etmek için, erkeğe bakmaya ihtiyacımız var.

Dolayısıyla her iki grubun da dünyevî farktan oluşan farklarının birbirine ihtiyacı var. Öyleyse kadın ve erkek farkını kaldırıp, tek görmek lâzım. Kadın okuyamaz demek, kadın eğitim göremez demek, kadına sorulmadan onu evlendirmeye kalkmak, Peygamber'in katiyetle yasakladığı şeylerdir. Bunların üzerinde özel durmak istiyorum. Kadınların haberi olarak ve izni alınarak evlendirme mecburiyeti vardır, Peygamber'in sünnetinde. O halde kadına çok hak tanımamız lâzım. *"Oku"* emri herkese eşit gelmiştir. Onun için kadının eğitim görmesi erkekten daha önemlidir, diye düşünüyorum ben.

NS: Çünkü o kuşakları yetiştirendir.

CS: Evet, doğru. Sadece kuşakları yetiştirmekle kalmıyor. Kendi öyle bir örnek oluyor ki, kadının bir hasleti de tevâzu, arkada kalarak son sözü söyleyebilme kabiliyetidir. Onun için belki çok önde gözükmez ama o edebiyle, haliyle ve tavrıyla dâima son sözü söyleyendir. Bu bakımdan da çok önemlidir. Anne Marie Schimmel çok büyük bir mutasavvıf; kadının aşkta en yüksek derecede olduğunu hatırlatarak, Peygamber'in Allah'a olan aşkıyla birleştirip adeta ruhu bir kadındı diye Peygamber'imizi değerlendirmesi, *"Ruhum bir Kadındı"* adlı kitabı çok güzel ve cazip kılmıştır.

Şunu da çok zevkle anlatmak isterim: Hz. Ayşe tabiî ki herhalde en sevdiğiniz eşiniz benim, en güzel ve bâkir tek eşiniz benim dediğinde; "Lâ (hayır) vallahi Hatice" demesi, aslında ömrü boyunca yalnız Hz. Hatice'yi eş olarak gördüğünü, diğer evlendiği bütün hanımları, özellikle bastıra bastıra söylüyorum; Cebrâil gelerek Allah'ın emrini emretmesiyle evlendiğini, tekrar tekrar insanlık âlemine hatırlatak lâzım.

NS: Onun nefsiyle ilgisi yok bu evliliklerin.

CS: Asla yok. Onda nefsânî hiçbirşey yok. Zîra hatırlayalım lütfen, kendisine müşrikler, lütfen bu iddiadan vazgeç, sana devrinin en güzel kadınlarını, paralarını ve evlerini verelim dediklerinde; "Hayır bir elime Ay'ı, bir elime Güneş'i verseniz, yine de Allah'ımdan ve onun Peygamber'i olduğumdan vazgeçmem. Bana ömrüm boyunca Hatice yeter", deyişi de O'nun hiçbir şekilde böyle bir ihtiyacı olmadığı, sadece İslâm âlemine evlenmenin bile ne kadar mukaddes bir vazife olduğunu öğretmek amacıyla evlendiği ve çoluk çocuk sahibi olduğu ve bize yaşamanın her anının Allah'la ilişki kurmak için bir fırsat olduğunu öğrettiğini hatırlamak lâzım.

NS: Peygamber Efendimiz'e binlerce salât olsun ki bizim güzelliğimizi ve de Allah'ın cemâlinin güzelliğini anlatmış olmasından dolayı ve diyelim ki "kadın Hak'kın ışığıdır, nûrudur."

NEŞE

NS: *Mesnevî* öyle büyük bir derya ki ormanda ağaçlar kalem olsa, deryada mürekkep olsa yine *Mesnevî*'ye son yoktur. Dünya durdukça insanlar yaşadıkça, yaşar, durur, okunur, zevk alınır, der *Mesnevî* kendisi. Gerçekten de öyledir. Biz de bu zevk alınırdan hem de bayramın neşesine katkı olsun diye, neden neşe önemlidirle bunu noktalayacağız. Evet hayatımızda neşenin yerini bize *Mesnevî- i Şerif* şöyle söylüyor;

Geçmiş zamanla pişman olma, içinde bulunduğun vaktin kıymetini bil. Bundan yararlanmaya çalış. Pişmanlıkla vaktini geçirme diye vasiyette bulunuyor. Yani gam kasâvet dünde veya gelecekte yaşayanların daha çok duyduğu bir şey, diyor.

Geçmişe acımak geçmişe özlem duymak, yanlış bir iştir. Giden geri gelmez. Onu yad etmekte boş bir şeydir.

Kuşun biri hile ve tuzakla yakalandı. Kuş kendini yakalayana, ey efendi sen hayatında çok koyun sığır yedin, bir de deve kurban etmişsindir. Şimdi onların etleriyle doymadın da benim bedenimle zaten doymazsın, der. Bunları bize *Mesnevî* derken, [33]

Ömer Hayyam da bir rûbâisinde der ki;
"Geçmiş eyyâmı sakın yâd etme
Gelecekten dahi feryâd etme
Her iki devri unutmuş olarak
Hoş geçir halini bu gününü berbat etme."

Evet neşe gerçekten yaşamımızda çok önemli...

CS: Efendim neşe huzurun neticesidir. İnsan ömrü boyunca huzur arar. Huzur Allah'ın huzurunda olmak demektir. Demek ki irtibatı Allah'la kuranın yüzü her an gülümser. Bunun en büyük özelliği Hz. Peygamber'dir. Bilmem bilir misiniz? Gülümseme insanı hayvandan ayıran en büyük özelliktir. Demek ki insan gülümseyerek, dünyaya güzel bakarak Allah'ından râzı olduğunu, O'nun verdiklerinden memnun olduğunu izhar ederse, onun adına neşe denir. As-

33

lında bizim Allah aşkının içerisinde, gam ve hüzün de vardır ama, bu gam ve hüzünden daha güzel bir neşe ben düşünemiyorum. Çünkü bu gam, neşenin gamıdır. Dolayısıyla oradaki hüzün, aslında insanın içindeki huzurun hüznüdür. Sadece Allah'tan uzak olmanın, yani şeklen vücûden O'ndan ayrı olmanın, ayrılığın acısını çeker ama, O'nun içinde de büyük bir mutluluk vardır. Hani Fuzûlî'nin dediği gibi; *"Bu derdin dermanı da aslında derdin içindedir."*

NS: Yani bugün depresyon dediğimiz, karamsarlıkla çok yakın ilişkisi olan, her şeyde kötüyü gören, her şeyde benim başıma gelen zâten kötüdür ve sadece benim başıma gelir deyip, devamlı gam ve kasâveti, dünya işlerine, mallarına, mülklerine ve ilişkilerine bakarak, gam edinme, dert edinme ve karamsarlığın dışında bir şey o. Bu karamsarlık içimizi kararttığı gibi çevremizdeki insanların hayatını da karartıyor. Bu kadar karanlık bir dünyada da Allah'a ulaşmamız mümkün olmuyor, herhalde.

CS: Hz. Mevlânâ'nın buyuduğu gibi; biz kendimizi kötü bakmaktan uzak tutmalıyız. Aslında her hâdisenin içinde mutluluk vardır. Onu görebilmek için de Allah'ı çok iyi tanıyabilmek lâzım. Geçenlerde bir öğrencim karnında bebeğini kaybetti. Bu hâdise birçok kişi için depresyon, üzücü bir hâdisedir. Zîra bu bebeği de çok istiyordu. Ben onunla birlikte o küçücük şeyi gömdüm. Gömerken bana bir tek şey söyledi sevgili kızım. Dedi ki; Hocam ne güzel Ehl-i beyt'in kaderine eşlik ediyorum.

Şimdi bakın hâdiseyi böyle görebilmek, insanda neşeye sebebiyet veriyor. İnsan Allah'ından

memnun olmanın ve ânı güzel değerlendirmenin huzurunu yaşadığı zaman, bunun adına biz neşe diyoruz. Belki o kızın kalbinde hafif bir acı da olsa, bir yandan da hakîkaten Allah indinde değerli olmanın keyfini çıkarıyor. Konya'da çok sevgili bir Mehmet amcamız vardı, Allah ganî ganî rahmet eylesin, nûru üzerimize olsun. Onbir evlâdı birden Zümrüt apartmanının altında çöktüğünde öldü. Ben onu hiç unutmam, koşarak yanına gittiğimde torununa şunu diyordu: "Sakın müteahite kızma. Torun dedi ki; niçin kızmayayım, o benim bütün ailemi öldürdü. Ama dedi cennette beraber kalktığınızda, üzülürsün. Dede dedi, o cennete gidecekse, benim cennette ne işim var? O zaman dedi ki; kızım sadece benim duâm, onbir çocuğumun birden şehit olmasına sebep olduğu için, ona ettiğim duâ onu

cennete sokar." Şimdi bu bakış açısı, ne kadar huzurlu ve mutlu bir bakış açısıdır. Burada hâdiselerin üstüne çıkabilmek lâzım. Hâdiselere takılıp kalırsak, neşe ve mutluluk olamaz. Ama üzerine çıkarsak, hepsinin bizim için bir lûtuf ve hayır olduğunu idrak edersek, o zaman bu bakış açısıyla, her şey bizi sevgiliye ulaştırıcı bir neşe olur.

NS: Yani *"Mevlâm neylerse, güzel eyler"* diyerek, aslında onu idrak etme şansımız olabiliyor.

CS: Evet doğru söylüyorsunuz. O zaman da böyle bir insanın içinde dâimî -yani bu ütopik bir şey değil, yaşadığımız için gayet rahat söyleyebiliriz- son derece büyük bir huzur oluyor. Aslında bir tek sanat vardır. Hâlinden memnun olma sanatı. *A'mâk-ı Hayal* kitabında bütün peygamberlere sorarlar: Hayatın mânâsı nedir, diye? Hz. Muhammed, hâlinden memnun olmaktır, der. Yani başına gelene râzı olmak, sevgilinin bir hediyesi olarak görebilmek. Geçmiş, çok şükür hatâlarımız ve yanlışlarımızla bugünü hazırladı. Bugün Allah diyebiliyorsak, kul olduğumuzu geçmişte çok iyi idrak ettiğimiz içindir. Bu anın zevki de geleceği hazırlayacak. O halde asıl önemli olan bu andır. Eğer biz Allah'tan uzak yaşıyorsak,

ölüyüz. Allah'la bir ve berabersek diriyiz. Çok kıymetli bir hadîs-i şerif vardır: *"Sadaka verenin ömrü uzar"* diye. Halbuki biz biliyoruz ki, kaderde ömür asla uzamaz. Gününe ve saatine kadar bellidir. Ama Peygamber bunu niye söylemiş? Çünkü ölü yaşıyorsun, ey kul demiş. Sadaka ver de Allah'la irtibat kur ve diril. Ânın zevkine var. Onun için geçmiş ve gelecek korkusunu tamamen kafamızdan atmadıkça, Kur'ân-ı Kerîm'in mânâsı hikmet olarak içimize inmez. Öyleyse korkacak ne var ki? Ne güzel söylemiş Hz. Mevlânâ *Mesnevî*'de, diyor ki: Siloların içi yiyecek mi dolu ki, hiçbir hayvan gelecek yiyeceğinden ümit kesmiyor. Arpa buğday mı görüyor ki ümit kesmiyor. Ya sen niye kesiyorsun. Allah kurdunu kuşunu beslediği gibi seni de besler. Onu verir sana. Kaderinde olduğu kadar verir. Ama sen mânevî rızkın için koştur. Allah'ı tanımak için koştur. O zaman sonsuz huzura kapılacaksın.

NS:Halbuki gelecek korkusuyla insanlar bugün yaşamayı erteliyor, bugün mânâyı görmeyi, hiçbirşeyin güzelliğin farkına varamıyor.

CS: Demek ki, her şeyi bize biz yapıyoruz. Çok hoş bir hikâye vardır: "Bir köyün iyisi ile kötüsü beraber yola çıkmışlar. Bir nehir kenarına gelmişler. Kötü demiş ki, ben nehirde yüzemem. İyi, bunu sırtına almış, karşıya geçirmiş. Bütün bir köy o iyi adamla alay etmiş, sen niye yaptın o kötüyü niye taşıdın, o kötü bilmiyor musun? En sonunda iyi adam demiş ki; ben onu onbeş dakika taşıdım karşıya geçirdim, siz ömür boyu taşıyorsunuz." İşte başkalarına kızmak, onlara sinirlenmek, onların aleyhinde düşünmek, insanı ömür boyu neşeden uzaklaştıran, Allah'tan uzaklaştıran...

NS: Yani öfke, nefret, kin, bizi hem Allah'ımızdan uzaklaştırıyor, hem de neşeden.

CS: Evet, hem de yük gibi sırtımızda taşıyoruz.

NS: Devamlı kızgın ve öfkeliyiz. Herkese bağırıp çağırıyoruz. Kimseyi dost olarak görmüyoruz, hatta bu hayatta dostluk diye bir şey yoktur, diyen insan duydum ben.

CS: Ay ne kadar yazık. Halbuki o kadar güzel dostlar var ki, ama dost, Mevlânâ'nın tâbiri ile, 'dostunun yaptığı hatâyı kendi yapmışçasına yüzü kızaran kişidir', diyor. Dedikodu eden değildir. Onu yücelten, yükseltendir. Zâten yaradılmışı sevip, hepsini dost bilmekten daha güzel bir şey var mı? Neden şüphe ediyoruz ki heryerden tecellî eden Allah. Ve Allah'ın bana olan sevgisi, annenin sevgisinin yanında Allah'ın söylemiyle, denizle köpük gibi. Öyleyse ben neye üzülüyorum ve neyi merak ediyorum, değil mi efendim? Geçen gün bir batılı filmde bir babanın oğluna söz vermiştim seni koruyacağıma, koruyamadım, öldüreyim mi kendimi diye bağırdığını duydum. Biz neyi koruyabilir ki, ancak Allah koruyabilir. Allah'a emânet etmekten daha büyük bir mutluluk düşünebiliyor musunuz? Evlâdını Allah'a emânet eden, eşini Allah' a emânet eden insan ne kadar mutludur, ne huzurludur. Öyleyse her şeyde Allah'la irtibat kurduğumuzda, hayat baştan aşağı mutluluk ve neşeden ibârettir.

NS: Yani hayat hergün bayram olsa diyen şarkı sözü gibi, aslında biz neşeyi bulursak, o neşede insanları dost ve sevgili olarak görebilmek, Allah'ımızın aynası olarak görebilmek ve o neşeyi içimizde hissetmek, başka insanlara zâten hizmeti de getiriyor.

CS: Ne güzel, aslında bir atasözümüz daha vardır; "Deliye hergün bayram" diye. Ben onu velîye hergün bayram diye düşünüyorum. Hakîkaten velî dâimî Allah'ından memnun olduğu için, huzur içinde hergün bayramı idrak ediyor. Hiçbir kaygısı yok. Gözünün önünde sevgilinin hayali olan insan devamlı mutludur. İçindeki o mutluluk ve rahatlık yüzüne vurur insanın, değil mi? Hz. Mevlânâ *Fîhi Mâfîh*'te iki peygamberi sorgular. Der ki, Hz. Yahya hep Allah'ı ağlayarak anarmış. Hz. Îsâ'da hep gülerek anarmış. Hangisi daha makbul diye Allah'ıma sordum. Galiba

Îsâ biraz daha makbul, çünkü gülerek anmak, içinize mutluluk ve huzur verir, diyor Allahu Azîmüşşân.

NS: Allah'a şükür efendim, sizin huzurunuz hepimize yansısın.